Herausgegeben von Pro Velo Schweiz,
Pro Velo Schaffhausen, Pro Velo Kanton Zürich,
Verlag velojournal

Die **29** schönsten Velotouren in der Region

Baden
Natur
Kultur

WERD VERLAG

Alle Rechte vorbehalten, einschliesslich derjenigen des auszugsweisen Abdrucks und der elektronischen Wiedergabe

2012 Pro Velo Schweiz (ISBN 978-3-85932-681-1)

Impressum

Herausgeber
Pro Velo Schweiz, Verlag velojournal,
Pro Velo Schaffhausen und Pro Velo Kanton Zürich
Projektleitung Pro Velo Schaffhausen: Karl Huss,
Evi Cajacob
Projektleitung Pro Velo Schweiz und Pro Velo
Kanton Zürich: Monika Hungerbühler

Konzeption
Pro Velo Schweiz, Verlag velojournal

Gestaltung
Andreas Bosshard Design

Layout
tnt-graphics, Lars Weiss

Redaktion
Monika Hungerbühler, Karl Huss, Evi Cajacob,
Kirsten Edelkraut, Pete Mijnssen

Tourenbefahrung
Evi Cajacob, Christian Calame, Kirsten Edelkraut,
Monika Hungerbühler, Karl Huss, Walter Lerch,
Wolf Lüling, Hans-Georg Rutz, Beat Schenk,
Walter Schopper, Meta Studinger, Felix Wäspi

Fotos
Buchcover, alle Titelfotos Tourenblätter und weitere:
Reto Schlatter; diverse Fotos in den Tourenblättern: Robert Bösch, zVg. von Schaffhauserland Tourismus, Tourist-Information Konstanz GmbH, Max Baumann, Segelfluggruppe Schaffhausen, Guido Spielmannn. Alle anderen Fotos zVg. durch die TourenbefahrerInnen.

In Zusammenarbeit mit Schaffhauserland Tourismus
und Winterthur Tourismus

Lektorat und Produktion
Verlag velojournal: Philippe Amrein, Pete Mijnssen

Sponsoring, Inserate
Pro Velo Schweiz und Pro Velo Kanton Zürich:
Monika Hungerbühler; Pro Velo Schaffhausen: Evi Cajacob

Korrektorat
Verlag velojournal: Jürg Odermatt

Druck
Bodan AG Druckerei und Verlag, Kreuzlingen

Vertrieb
Werd Verlag, Zürich
www.werdverlag.ch

Karten
Reproduziert mit Bewilligung swisstopo (BA120022)

Inhalt

Vorwort 5

Orientierung
Veloland Schaffhausen-Winterthur: Übersichtskarte 6/7
Veloland Schaffhausen-Winterthur: Tourenübersicht 8/9
Veloland Regional 10/11
Veloland Schweiz 12/13
Tourenplanung 15
So finden Sie sich zurecht 16

Touren «Veloland Schaffhausen-Winterthur»
01 Klettgau-Route
02 Rhein-Biber-Tour
03 Randentour
04 Reiattour
05 Hegautour
06 Schaffhausen–Konstanz
  (Etappe 1: Schaffhausen–Markelfingen)
07 Schaffhausen–Konstanz
  (Etappe 2: Markelfingen–Konstanz)
08 Rheinfall-Rheinau-Tour
09 Tiengen (D) an der Wutach
10 Exklaventour
11 Auf dem Salzweg
12 Klingenzell
13 Nordostschweizer Kultur
  (Etappe 1: Winterthur–Stein am Rhein)
14 Nordostschweizer Kultur
  (Etappe 2: Stein am Rhein–Winterthur)
15 Winterthur–Schaffhausen
16 Glatt-Rhein-Tour
17 Tösseggtour
18 Rund um den Irchel
19 Wintertour
20 Bichelsee
21 Industrieveloweg
22 Lägern-Rundfahrt
23 Vo Züri furt
24 Schaffhausen–Zürich
25 Über d'Höger
26 Zweiseentour
27 Oberländer Spezialitäten
28 Grenzwertig
29 Flussfahrten

Service
slowUp – Region Schaffhausen-Winterthur und übrige Schweiz 18
Öffentliche Verkehrsmittel 20/21
Ausrüstung 23
Sicherheit und Regeln 27
Irchel-Bike-Trophy 28
Platten flicken unterwegs 33
E-Bike-Touren 35

Index
Baden 38
Kultur 40
Natur 42
Velofachgeschäfte 44

Herausgeber

Pro Velo Schweiz ist der nationale Dachverband für die Interessen der Velofahrenden. Ihm gehören 35 Regionalverbände mit über 27 000 Mitgliedern an. Pro Velo Schweiz will die Rahmenbedingungen für den Veloverkehr verbessern und die Zahl der Velofahrenden erhöhen. Pro Velo Schaffhausen und Pro Velo Kanton Zürich setzen sich in Ihren Kantonen für ein durchgehendes Radwegnetz ein, für mehr Sicherheit sowie für genügend Veloabstellplätze.
www.pro-velo.ch / www.provelozuerich.ch / www.provelo-sh.ch

Partner

Biketec AG – Flyer
Flyer fahren ist Teil einer genussvollen, gesunden und nachhaltigen Lebensform. Mit dem original Schweizer Elektrovelo erklimmt man lustvoll jeden Berg und fährt mit einem Lächeln auf den Lippen gegen den Wind. Der Flyer ermöglicht bewegende Mobilität auf zwei Rädern.
www.flyer.ch

Cilag
Die Cilag AG unterstützt mit ihrem Sponsoring-Engagement jedes Jahr eine Vielzahl von Organisationen und Institutionen und leistet damit einen wesentlichen Beitrag zur «Schaffhauser Lebensqualität» und damit zur Attraktivität der Region.
www.cilag.ch

Raiffeisen
Die genossenschaftlich organisierten Raiffeisenbanken in den Kantonen Zürich und Schaffhausen etablierten sich in den letzten Jahren als erfolgreiche Retailbanken. Die eindrücklich steigende Zahl von GenossenschafterInnen und KundInnen schätzt die entscheidenden Vorzüge von Raiffeisen: Kundennähe, Sympathie, Vertrauenswürdigkeit und exklusive Vorteile.
www.raiffeisen.ch

EKZ – Elektrizitätswerke des Kantons Zürich
Die Elektrizitätswerke des Kantons Zürich versorgen in rund 130 Gemeinden Privat- und Geschäftskunden direkt bis an die Steckdose mit Strom. Zudem beliefern sie auch über 40 Stadt- und Gemeindewerke. Insgesamt profitieren rund eine Million Menschen von einer sicheren, umweltgerechten Stromversorgung der EKZ.
www.ekz.ch

Stadt Winterthur
Winterthur ist eine international herausragende Velostadt. Sie ist Gründungsmitglied der «Cities for Cyclists» und Träger des Velo-Oskars. Das ausgeschilderte Velonetz umfasst 175 km.

Stadt Schaffhausen
Die Stadt Schaffhausen fördert den Veloverkehr, indem sie ein sicheres, attraktives, gut signalisiertes Veloroutennetz betreibt und gut erreichbare, zentral gelegene Veloabstellplätze anbietet.

Pro Velo bedankt sich bei den erwähnten Partnern sowie bei den Kantonen Zürich und Schaffhausen für die grosszügige Unterstützung. Wir freuen uns über Rückmeldungen unter: info@provelozuerich.ch oder per Post an Pro Velo Kanton Zürich, Zwinglistrasse 19, 8004 Zürich, Telefon 044 440 23 32

Vorwort

Reto Dubach (links),
Regierungsrat
Kanton Schaffhausen;
Ernst Stocker (rechts),
Regierungsrat
Kanton Zürich

Mit Genuss durch das kleine Paradies Schaffhausen und das Veloland Zürich

Das Velo eignet sich ausgezeichnet, um die Vielseitigkeit der Kantone Schaffhausen und Zürich zu erleben. 29 grenzüberschreitende Touren in diesem Führer laden Sie ein, unsere schönen Regionen zu erkunden. Mit dem Velo kann man die Landschaft geniessen und dennoch beachtliche Strecken zurücklegen. Aber nicht die Anzahl gefahrener Kilometer, sondern die Eindrücke sollen es sein, die den Tag zu einem unvergesslichen Erlebnis machen. Die Vielfalt unserer Natur – weite Kornfelder, Auen-, Fluss- und Seenlandschaften, Rebhänge, Hügelzüge und Täler, der Rheinfall als grösster Wasserfall Europas – oder die reichlich vorhandenen Kulturgüter – Altstadt Schaffhausen, Kleinstadtperle Stein am Rhein, schmucke geschützte Dörfer wie Marthalen, Schlösser und Burgen oder die pittoreske, velofreundliche Altstadt von Winterthur – werden Sie begeistern.

Damit Sie Ihre Ausflüge mit dem Velo sicher geniessen können, investieren die Kantone Schaffhausen und Zürich jedes Jahr in den Radwegbau, die Kreuzungsumbauten oder in die Beschilderungen. Mit dem neuen Veloförderprogramm will Ihnen der Kanton Zürich zudem die Möglichkeiten des Velofahrens näherbringen, während Schaffhausen weitere Verbesserungen für den Veloverkehr im Agglomerationsprogramm Schaffhausen plus plant.

Wir freuen uns darauf, Ihnen auf einer der vorgeschlagenen Touren auf dem Velosattel zu begegnen!

Ernst Stocker, Regierungsrat Kanton Zürich
Reto Dubach, Regierungsrat Kanton Schaffhausen

Veloland Schaffhausen-Winterthur – Übersichtskarte

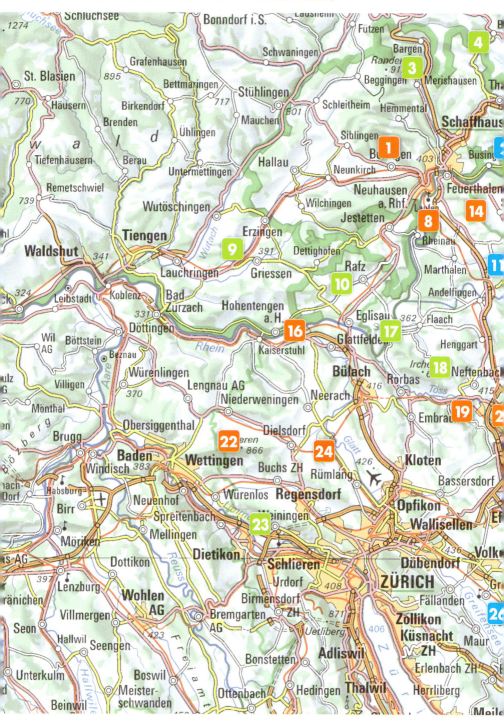

Veloland Schaffhausen–Winterthur – Tourenübersicht

Titel/Region	Route	Typ	Länge in km	Höhendiff. in m	Grad
1 Klettgau-Route	Schaffhausen–Trasadingen–Schaffhausen	rund	43	260	•
2 Rhein-Biber-Tour	Schaffhausen–Diessenhofen–Hemishofen–Ramsen–Thayngen–Schaffhausen	rund	42	150	•
3 Randentour	Schaffhausen–Hemmental–Hagenturm–Merishausen–Schaffhausen	rund	35	600	• • •
4 Reiattour	Schaffhausen–Reiathöfe–Opfertshofen–Wiechs–Tengen–Büsslingen–Schaffhausen	rund	46	680	• • •
5 Hegautour	Thayngen–Hilzingen–Mühlhausen–Singen–Rielasingen–Buch–Thayngen	rund	45	270	• •
6 Schaffhausen–Konstanz (1. Teil)	Schaffhausen–Rielasingen–Markelfingen	linear	37	210	•
7 Schaffhausen–Konstanz (2. Teil)	Markelfingen–Mindelsee–Wallhausen–(Insel Mainau)–Konstanz	linear	28	260	•
8 Rheinfall-Rheinau-Tour	Schaffhausen–Rheinfall–Rheinau–Dachsen–Schloss Laufen–Schaffhausen	rund	25	360	• •
9 Tiengen (D) an der Wutach	Neuhausen–Gächlingen–Siblingerhöhe–Wutöschingen–Lauchringen–Tiengen	linear	43	400	• •
10 Exklaventour	Eglisau–Rafz–Baltersweil–Albführen–Hüntwangen–Eglisau	rund	35	530	• •
11 Auf dem Salzweg	Stein am Rhein–Stammheim–Marthalen–Ellikon–Andelfingen	linear	39	200	• •
12 Klingenzell	Diessenhofen–Stammheim–Hüttwilen–Stein am Rhein–Diessenhofen	rund	40	400	• •

13 Nordostschweizer Kultur (1. Teil)	Winterthur–Frauenfeld–Stein am Rhein	linear	51	300		••
14 Nordostschweizer Kultur (2. Teil)	Stein am Rhein–Schaffhausen–Winterthur	linear	67	400		••
15 Winterthur–Schaffhausen	Winterthur–Gütighausen–Husemer See–Schloss Laufen–Schaffhausen	linear	37	320		••
16 Glatt-Rhein-Tour	Bülach–Kaiserstuhl–Rheinsfelden–Eglisau	linear	26	200		•
17 Tösseggtour	Bülach–Tössegg–Freienstein–Dättlikon–Neftenbach–Winterthur	linear	28	230		••
18 Rund um den Irchel	Henggart–Buch am Irchel–Berg am Irchel–Teufen–Dättlikon–Henggart	rund	37	245		••
19 Winterthur	Winterthur–(Kyburg)–Elsau–Welsikon–Hettlingen–Pfungen–Rumstal–Winterthur	rund	51	530 (790)		•••
20 Bichelsee	Winterthur–Bertschikon–Elgg–Bichelsee–Turbenthal–Winterthur	rund	44	390		••
21 Industrieveloweg	Tour Stadtgebiet Winterthur (Oberwinterthur–Töss–Hard–Zentrum)	rund	18	50		•
22 Lägern-Rundfahrt	Wettingen–Otelfingen–Regensberg–Lengnau–Baden–Wettingen	rund	35	410		••
23 Vo Züri furt	Zürich–Würenlos–Buchs ZH–Niederhasli	linear	34	170		•
24 Schaffhausen–Zürich	Schaffhausen–Jestetten–Rafz–Rheinsfelden–Rümlang–Zürich	linear	67	470		•••
25 Über d'Höger	Bauma–Schalchen–Agasul–Winterthur	linear	32	420		••
26 Zweiseentour	Wetzikon–Greifensee–Pfäffikon–Wetzikon	rund	33	200		•
27 Oberländer Spezialitäten	Effretikon–Russikon–Bauma–Bäretswil–Seegräben–Effretikon	rund	61	770		•••
28 Grenzwertig	Steg im Tösstal–Hulfegg–Sitzberg–Wila	linear	23	510		••
29 Flussfahrten	Winterthur–Turbenthal–Wald	linear	45	380		••

Grün = Naturtouren   Orange = Kulturtouren   Blau = Badetouren

Veloland-Routen in der Region Schaffhausen-Zürich

- 2 Rhein-Route (Eurovelo 6)
- 5 Mittelland-Route
- 26 Ostschweizer Wein-Route
- 29 Glatt-Route
- 32 Rhein–Hirzel–Linth
- 33 Karthäuser-Fürstenland-Route
- 41 Pilger-Route
- 45 Wyland Downtown
- 51 Säuliamt–Schwyz
- 53 Töss-Jona-Route
- 60 Studenland-Töss-Römer-Route
- 66 Goldküste–Limmat
- 82 Seerücken-Route
- 84 Mitteländer Hügelroute
- 86 Rheinfall–Zürcher Oberland
- 95 Thur-Route
- 751 Klettgauer Wein Route
- 752 Rheinfall Route
- 753 Hegau Route
- Bodensee-Radweg
- Rheintalradweg
- Heidelberg-Schwarzwald-Bodensee-Radweg
- 83 Hörnli Bike

Veloland Regional

SchweizMobil stellt mit Veloland Schweiz ein umfassendes, einheitlich signalisiertes Veloroutennetz für den Freizeitveloverkehr bereit. In der Region Schaffhausen-Zürich laden annähernd tausend Kilometer zu abwechslungsreichen Touren ein.
Die Veloland-Routen beginnen immer an einem Bahnhof, an manchen Orten muss etwas nach dem Ausgangspunkt Ausschau gehalten werden, je nach Routenführung kann sich dieser beim «vorderen» oder «hinteren» Ausgang des Bahnhofs befinden. An wichtigen Orten orientieren Infotafeln über das nationale, regionale und lokale Angebot von SchweizMobil.
www.veloland.ch,
www.mountainbikeland.ch

Die Signalisation von SchweizMobil unterwegs

Die Veloland-Signalisation besteht aus roten Signalen mit hellblauen Routenfeldern. Diese umfassen die Nummer der Route und ihren Namen. Bei Verzweigungen sind die Signale häufig mit Zielen und Distanzen versehen. Damit der rote Faden auch während der Fahrt nicht verloren geht, sind regelmässig sogenannte Bestätigungsschilder vorhanden. Es lohnt sich, vor Knoten auf die Vorwegweiser zu achten, sie erleichtern eine rechtzeitige Orientierung.

In den Wegbeschreibungen der Tourenblätter sind «Orientierungspunkte» an den Orten gesetzt, wo eine signalisierte Route verlassen wird oder die Tour auf eine solche führt. Es lohnt sich also, sich an diesen Orten kurz zu orientieren, um sich ganz sicher nicht zu verfahren.

Verläuft die vorgeschlagene Tour nicht auf signalisierten Abschnitten, findet sich eine Wegbeschreibung im Textfeld auf der Kartenseite.

Weitere signalisierte Velorouten

Neben den Veloland-Routen sind in der Region weitere Velorouten signalisiert. In der Schweiz sind diese mit roten Schildern ohne Nummern gekennzeichnet, in Deutschland mit grünen Wegweisern.

Wegweiser in Stein am Rhein.

Die Weiterfahrt wird geplant.

Veloland Schweiz

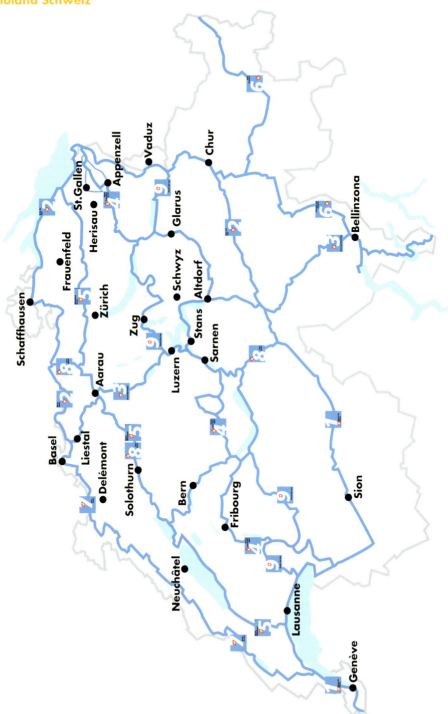

Veloland Schweiz – Nationale Routen

Nr.	Name	Distanzen		Höhenmeter einzelner Abschnitte ohne/mit Veloverlad in Bahn, Bus und Schiff					
		km	ungeteert	Abschnitt	ohne	mit	Abschnitt	ohne	mit
1	**Rhone-Route**	345	26	Oberwald–Genf	1100	700	Andermatt–Genf	2100	800
				Genf–Oberwald	2100	1000	Genf–Andermatt	3200	1000
2	**Rhein-Route**	430	80	Disentis–Basel	1400	1100	Andermatt–Basel	2000	1200
				Basel–Disentis	2300	1900	Basel–Andermatt	3200	2000
3	**Nord–Süd-Route**	365	30	Basel–Chiasso	3600	1000			
				Chiasso–Basel	3600	1000			
4	**Alpenpanorama-Route**	485	10*	St. Margrethen–Aigle	7900	5100			
				Aigle–St. Margrethen	7900	4400			
5	**Mittelland-Route**	370	85	Romanshorn–Lausanne	1600	1500			
				Lausanne–Romanshorn	1600	1500			
6	**Graubünden-Route**								
	> Chur–Martina	152	55	Chur–Martina	2900	600	St. Moritz–Martina	1100	
				Martina–Chur	2500	700	Martina–St. Moritz	1900	
	> Chur–Bellinzona	128	25	Chur–Bellinzona	2000	500			
				Bellinzona–Chur	2300	1700			
7	**Jura-Route**	280	20	Basel–Nyon	4500	2600			
				Nyon–Basel	4400	2400			
8	**Aare-Route**	305	70	Meiringen–Koblenz	1100	800	Gletsch–Koblenz	1700	900
				Koblenz–Meiringen	1350	1000	Koblenz–Gletsch	3100	1100
9	**Seen-Route**	505	50	Montreux–Rorschach	4200	2000			
				Rorschach–Montreux	4200	2200			

*geteert zu umfahren

Tourenplanung

Wer die Wahl hat, hat die Qual

Welche Tour zu welcher Jahreszeiten am besten zu welcher Person passt, das lässt sich mit den nachfolgenden Hinweisen und Tipps sicher herausfinden.

Wahl nach Region
Der einfachste Einstieg – Sie wissen ungefähr, wo Sie unterwegs sein möchten und suchen sich auf der Übersichtskarte und der dazugehörenden Liste (Seite 5 bis 8) etwas Passendes heraus.
Zum Ausgangspunkt der Tour fahren Sie am entspanntesten mit dem Velo auf einer signalisierten Veloland-Route oder mit dem öffentlichen Verkehr. Alle Touren beginnen bei einem Bahnhof.

Wahl nach Kondition
Ungeübte Velofahrende oder Familien mit Kindern beginnen vorteilhaft mit 1-Punkte-Touren. Diese sind eher flach, und es bleibt genug Zeit für ausgedehnte Pausen. 2-Punkte-Touren sind teilweise hügelig und von mittlerer Länge. Wer eine kleine Herausforderung oder eine schöne Fernsicht liebt, liegt mit 3-Punkte-Touren genau richtig. Der Schwierigkeitsgrad setzt sich zusammen aus Länge, Höhenmetern, aber teilweise auch Strassenverhältnissen.

Wahl nach Attraktion
Wer eigentlich baden, spielen oder etwas besichtigen will – dies aber mit einer Velofahrt verbinden möchte – der plant den Tagesausflug am besten mithilfe des ausführlichen Indexes ab Seite 38.

Tipps für die perfekte Tour
- Planen Sie eine Tour entsprechend den Fähigkeiten der schwächsten Teilnehmenden – nur so hat die ganze Gruppe Freude am Ausflug.
- Viele Touren lassen sich abkürzen oder verlängern oder bieten Varianten. Manchmal kann es auch sinnvoll sein, ein Teilstück mit dem Zug zurückzulegen.
- Pro Stunde reiner Fahrzeit fährt man in der Ebene 15–20 km, mit kleineren Kindern etwa 10 km. Steigungen müssen zusätzlich eingerechnet werden.
- Besonders Kinder brauchen ausgedehnte Pausen, nicht unbedingt, um auszuruhen, sondern vor allem auch, um zu spielen.
- Daraus folgt, dass 30–40 km für Familien einen schönen Tagesausflug mit genügend Zeitreserve ergeben.
- Eine saisongerechte Planung garantiert mehr Spass: Bademöglichkeiten im Sommer, oberhalb des Nebels fahren im Herbst, Blütenpracht im Frühling. In den Tipps und Beschreibungen der Touren finden Sie auch dazu Anregungen.

Die Tourenplanung sollte die Fähigkeiten der teilnehmenden Personen berücksichtigen.

So finden Sie sich zurecht
Informationen zu den Tourenblättern

Blau = Baden
Natürlich wird auch auf den blauen Touren Velo gefahren, sie bieten aber alle wunderbare Möglichkeiten zum Baden, zumeist in Seen oder Flüssen, manchmal auch in ausgewählten Schwimmbädern.

Grün = Natur
Bei diesen Touren steht das Naturerlebnis im Vordergrund: schöne Landschaften, Naturschutzgebiete oder -zentren, Flussläufe und prächtige Ausblicke.

Orange = Kultur
Hier liegt der Fokus auf den kulturellen Highlights der Region – dazu gehören schützenswerte Ortskerne und Schlösser genauso wie Museen und Ausstellungen.

Punkte
1 Punkt heisst «leicht», 2 Punkte «mittel» und 3 Punkte «anspruchsvoll».

Karten-Massstab
1:60 000 oder 1:100 000

Die Tourenführung auf den 29 Tourenblättern

Tourenverlauf mit Startpunkt

nicht asphaltiert   mögliche Varianten

Wegbeschreibung:
Informationen zur Weiterfahrt finden sich bei der entsprechenden Nummer im farbigen Kasten.

Ausflugsziele:
Informationen dazu finden sich bei den entsprechenden Buchstaben und auf der Rückseite der Tourenblätter.

Picknickplätze   Akkuwechselstation

Badestellen, Freibäder etc.

Signalisierte SchweizMobil-Routen:

Veloland

Mountainbikeland

Ausgedehnte Rebberge mit Blauburgunder- und Riesling-Silvaner-Trauben säumen den Weg. Schmucke Dörfer mit ihren Weinstuben laden zum Besuch und zur Entdeckung der Geschichte der Weinkultur ein.

1
Klettgau-Route
Herbstfahrt ins Blauburgunderland

leicht • Kultur

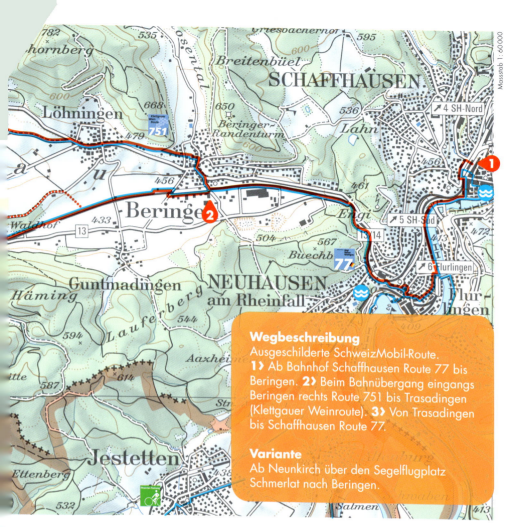

Wegbeschreibung
Ausgeschilderte SchweizMobil-Route.
1› Ab Bahnhof Schaffhausen Route 77 bis Beringen. **2›** Beim Bahnübergang eingangs Beringen rechts Route 751 bis Trasadingen (Klettgauer Weinroute). **3›** Von Trasadingen bis Schaffhausen Route 77.

Variante
Ab Neunkirch über den Segelflugplatz Schmerlat nach Beringen.

rechteckige Stadtanlage mit Obertorturm und Herrengasse ist besonders sehenswert.

Segelflugplatz Schmerlat
Wie Velos werden auch Segelflugzeuge ohne Motor betrieben, aber im Gegensatz zu den Fahrenden lieben die Fliegenden den Gegenwind. Das kann man auf dem Schmerlat gut beobachten – und dabei auch gleich noch die schöne Aussicht auf den Klettgau geniessen.

Neunkirch
hen liebevoll
t im Mittel-
einzigartige

In Urzeiten floss der Rhein durch den Klettgau und sorgte für eine flache Talsohle und fruchtbare Böden.
Heute ist die Region eine der Kornkammern der Schweiz.

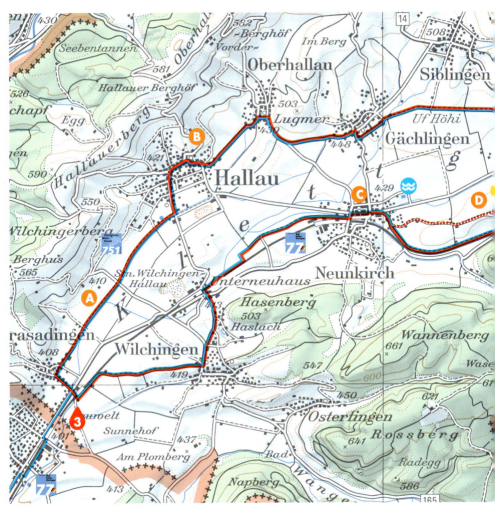

Blauburgunderland
Der Klettgau gilt als die grösste zusammenhängende Rebenlandschaft der Deutschschweiz. Auf drei von vier Rebstöcken wächst die Blauburgundertraube.

500 BewirtschafterInnen arbeiten im Rebbau und produzieren Weine, die immer wieder Preise gewinnen.

B
Bergkirche St. Moritz
Die weithin sichtbare Bergkirche von Hallau – 1491 im spätgotischen Stil erbaut – wurde 1974 zum Kunstdenkmal von nationaler Bedeutung ernannt. Wegen des prächtigen Ausblicks ist sie zur beliebten Hochzeitskirche geworden.

Neunkirch
Das Bauernstädt – von den Einhe «Städtli» genan alter entstanden

Streckeninformation
Rundtour Schaffhausen–
Trasadingen–Schaffhausen
Länge: ca. 43 km
Höhenmeter im Aufstieg: ca. 260
Verkehr: Asphaltierte Nebenstrassen
und Radwege, teilweise Flurwege.

Anbindung an ÖV
Schaffhausen: Regional- und Schnellzüge, Schiff
Neuhausen: Regional- und Schnellzüge
Trasadingen: Regionalzug
Neunkirch: Regionalzug

Anbindung an Veloland
Schaffhausen: Routen 2, 26, 77, 82, 86, Rheintal-Radweg
Trasadingen: Route 77

Verpflegung
- Beringen, Restaurant Bahnhof, Wiesengasse 12, 052 685 10 57
- Beringen, Restaurant Gemeindehaus, Oberdorf 12, 052 685 10 91
- Hallau, Trattoria La Calabrisella, Bergstrasse 8, 052 681 54 64
- Neunkirch, Restaurant Gemeindehaus, Vordergasse 26, 052 681 59 59

Picknick
- Flugplatz Schmerlat, an schönen Wochenenden mit Kioskbetrieb

Ausflugsziele
Weinbaumuseum Hallau
Seit der Römerzeit wird im Raum Schaffhausen Wein angebaut. Führungen und Degustationen.
www.sh-weinbaumuseum.ch
Herbstsonntage Im September und Oktober finden farbenfrohe Umzüge in geschmückten Weinbaudörfern statt.
www.blauburgunderland.ch
Bergkirche St. Moritz 1491 auf einem Vorsprung des Hallauerberges erbaute Kirche.
www.hallau-tourismus.ch
Weinkellereien Verschiedene Weinkellereien bieten Führungen und Degustationen an.
www.schaffhauserland.ch
(Blauburgunderland)
Bademöglichkeiten
- Neunkirch, Schwimmbad
- Neuhausen, Freibad Otterstall
- Schaffhausen, Rhybadi

Velofachgeschäfte
- Schaffhausen, Pedale GmbH, Rheinstrasse 30, 052 620 27 17
- Beringen, Randen Bike GmbH, Schaffhauserstrasse 237, 052 685 14 25
- Hallau, Rich Hans, Velocenter, Wunderklingerstrasse 14, 052 681 10 75
- Trasadingen, Velo-Doktor Weder AG, Bahnhofstrasse 109, 052 681 22 64

Streckenprofil

Tipp
Schlafen einmal anders – im Weinfass:
www.fasshotel.ch
www.rueedi-ferien.ch

Eine gemütliche, grenzüberschreitende Tour in einer schönen Flusslandschaft. Zahlreiche lauschige Bade- und Picknickmöglichkeiten am Rheinufer laden zum Verweilen ein.

2
Rhein-Biber-Tour
Paradiesische Flusslandschaften
leicht • Baden

Wegbeschreibung
Ausgeschilderte SchweizMobil Route. **1›** Von der Schifflände in Schaffhausen auf der Route 2 Richtung Stein am Rhein. **2›** In Hemishofen links auf der Route 753 über Ramsen–Buch–Bietingen–Thayngen nach Schaffhausen.

Varianten
V1 Vor Büsingen mit der Fähre über den Rhein zum Klostergut Paradies. Route 82 durch den Schaarenwald nach Diessenhofen. Über die Holzbrücke zurück auf die Route 2. **V2** Durch das Bibertal nach Ramsen. **V3** Eingangs Bietingen links über die Brücke. In einem leichten Anstieg zur Kantonsstrasse hochfahren, diese überqueren und weiter zum Morgetshofweiher und nach Herblingen.

Eine Tour, auf der man **fünfmal die Landesgrenze überquert. Wo genau, ist gar nicht so einfach herauszufinden.**

D
Morgetshofweiher
Der Morgetshofweiher – ein sogenannter Toteissee, der nach dem Abschmelzen der Gletscher vor rund 18 000 Jahren entstand – ist wegen seines Reichtums an seltenen Tierarten besonders interessant.

bei der
des inter-
n Wasser-
ts Stein am
hier auch

gelt sich die
Windungen
chen passiert
gen Lauf
enze.

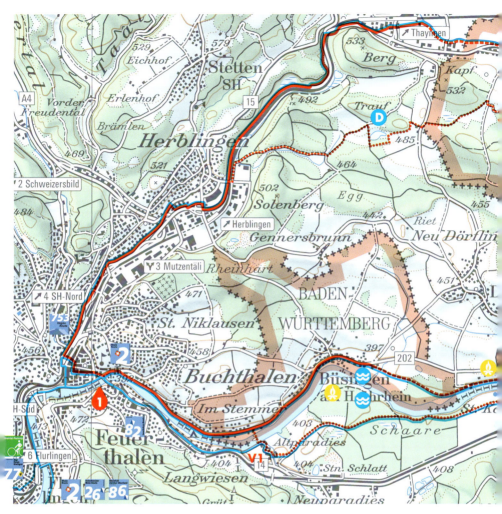

A

Holzbrücke in Diessenhofen
Bereits 1292 wurde erstmals eine Brücke zwischen Diessenhofen und Gailingen (D) urkundlich erwähnt. Nachdem Hochwasser und Kriegs-wirren diese wichtige Verbindung über den Rhein mehrmals zerstört hatten, wurde 1814–1816 die heutige Brücke erbaut.

B

Bibermühle
Die unberührte
Bibermündung i
national bedeut
und Zugvogelre
Rhein. Früher w
Gold gewasche

Biber
Seit der Eiszeit
Biber in unzähli
zum Rhein. Das
auf seinem 20 k
dreimal die Lan

Streckeninformation
Rundtour Schaffhausen–Ramsen–Schaffhausen
Länge: ca. 42 km
Höhenmeter im Aufstieg: ca. 150
Verkehr: Asphaltierte Nebenstrassen, Velowege, ca. 5 km Wald- und Feldwege.

Anbindung an ÖV
Schaffhausen: Regional- und Schnellzüge, Schiff
Diessenhofen: Regionalzüge, Schiff
Thayngen: Regionalzüge

Anbindung an Veloland
Schaffhausen: Routen 2, 26, 77, 82, 86, Rheintal-Radweg

Verpflegung
- Diessenhofen, Restaurant Fischerstube («Höll»), Rheinstrasse 23, 052 646 38 83
- Strandbad Gailingen, Strandweg 8, +49 (0) 7734 934 500
- Hemishofen, Landgasthof Bacchus, Hauptstrasse 4, 052 741 17 80
- Ramsen, Velohotel Hirschen, Fortenbach 239, 052 743 11 41
- Buch, Restaurant Dreispitz, Hardstrasse 2, 052 743 17 73

Picknick
- Laag, Schaarenwiese, Bibermühle

Ausflugsziele
Rheinfähre Paradies–Büsingen
www.faehre-paradies.ch
Klostergut Paradies Das ehemalige Frauenkloster beherbergt heute die einzige Eisenbibliothek der Schweiz.
www.klostergutparadies.ch
Naherholungsgebiet Schaaren
Waldreservat mit schönen Badeplätzen und Lehrpfad zu historischen Befestigungsanlagen am Rhein.
www.reservat-lehrpfad.ch
www.rheinkastell.ch
Diessenhofen
Malerisches Städtchen mit historischer Brücke.
www.diessenhofen.ch

Bademöglichkeiten
- Laag, Schaarenwiese, Bibermühle
- Strandbad Büsingen
- Strandbad Gailingen

Velofachgeschäfte
- Diessenhofen, Pro Cycle Shop Ullmann, Hauptstrasse 14, 052 657 51 14
- Ramsen, Rupp Motos GmbH, Petersburg, 052 743 16 75
- Thayngen, Velo Narr, im Gatter 6, 052 649 31 39
- Schaffhausen, Schopper Velos – Motos, Herblingerstrasse 26, 052 643 25 20

Streckenprofil

Tipp
Die Variante durch den Schaarenwald lohnt sich. Man erlebt Natur pur.

Im Frühling und Sommer die blumenreichen Magerwiesen, im Herbst die bunten Wälder, bei klarem Wetter die wunderbare Aussicht: Genügend Argumente, den Anstieg zur Randenhochfläche in Angriff zu nehmen.

3
Randentour
Im Schaffhauser Wanderparadies

anspruchsvoll • Natur

Der Hagenturm

Der 40 Meter hohe Stahlfachwerkbau steht auf dem höchsten Punkt des Kantons Schaffhausen, nämlich auf 912 m ü.M. Nach dem Erklimmen der 225 Tritte geniesst man eine wunderschöne Aussicht in den Schwarzwald und auf die Alpenkette.

Bunter Herbstwald

Das warme Herbstlicht bringt die Blätter des Herbstwaldes auf dem Randen regelrecht zum Funkeln. Über die Geschichte des Waldes und dessen Bedeutung für die Randen-Gemeinden kann man sich auf Infotafeln des Begginger Jubiläumswaldes zwischen Talisbänkli und Heidenbomm informieren.

Magerwiesen

Im Frühling und Sommer sind die Magerwiesen auf dem Randen eine wahre Farbenpracht. Hier findet man zahlreiche Pflanzenarten, die aus wärmeren Gebieten Europas stammen. Die Arbeitsgemeinschaft Kulturlandschaft Randen (KURA) ist um eine fachgerechte Pflege besorgt.

Zelgliwiese

Das «Zelgli» ist mit seiner Spielwiese, dem grosszügigen Grillplatz und der geräumigen Schutzhütte vor allem bei Familien und Gruppenreisenden ein beliebtes Ausflugsziel.

Die Wanderwege auf dem Randen sind mit einem Tourenrad gut befahrbar. Mit einem gefederten Mountainbike ist es natürlich komfortabler.

Wegbeschreibung

1› Ab Bahnhof Schaffhausen den Radwegweisern zur J nach Hemmental folgen. **2›** In die Dorfstrasse einbiegen fahren. **3›** Dem Wanderweg Winkelacker/Randenhaus halb des Randenhauses (P. 840) dem Wanderweg Zelg gen. **5›** Beim fünfarmigen Wegweiser Richtung Hagent tung Hagenturm halten (ab Talisbänkli asphaltiert). **7›** N die asphaltierte Strasse verlassen und geradeaus die Fo **8›** Rechts auf schmalem Pfad zum Hagenturm (evtl. Velc **9›** Ab Hagenturm dem Wanderweg Vorder Randen/Ba **10›** Beim Tigenacker links abbiegen. **11›** Nicht dem b derweg folgen, auf der Höhe bleiben. Dann steil hinunt und weiter nach Schaffhausen.

Streckeninformation
Rundtour Schaffhausen–Randen (Hagenturm)–Schaffhausen
Länge: 35 km
Höhenmeter im Aufstieg: ca. 600
Verkehr: Mehrheitlich Flurwege.
Die Tour eignet sich nicht für Veloanhänger.

Anbindung an ÖV
Schaffhausen: Regional- und Schnellzüge, Schiff

Anbindung an Veloland
Schaffhausen: Routen 2, 26, 77, 82, 86, Rheintal-Radweg

Verpflegung
• Siblinger Randen, Restaurant Siblinger Randenhaus, 052 685 27 37, mit Gästezimmern, www.randenhaus.ch
• Merishausen, Restaurant Gemeindehaus, Hauptstrasse 78, 052 653 11 31
• Schaffhausen, Restaurant Ziegelhütte, Gartenwirtschaft mit Spielplatz, Gwunderlädeli, saisonale Küche, Längenbergstrasse 2, 052 643 52 63
Picknick
Picknickplätze mit Feuerstelle:
• oberhalb des Siblinger Randenhauses
• auf der Zegliwiese
• beim Hagenturm

Ausflugsziele
Randen
Landschaft von nationaler Bedeutung, in der viele naturnahe Lebensräume bis heute erhalten geblieben sind.
www.kura-randen.ch
Begginger Jubiläumswald
2001 hat die Gemeinde Beggingen ein Waldstück als «SH-500-Jubiläumswald» aufgeforstet. 27 verschiedene Baumarten können bewundert werden.
www.beggingen.ch>Jubiläumswald
Hasenbuckhütte
Orchideen und seltene Pflanzenarten rund um die SAC-Hütte (nach dem Parkplatz «Heidenbomm» Wanderweg rechts).
www.sac-randen.ch/Huetten_Hasenbuck.htm
Bademöglichkeit
Schwimmbad Merishausen – klein, aber fein.

Velofachgeschäfte
• Schaffhausen, Charly Sport, Hohlenbaumstrasse 99, 052 625 10 44
• Schaffhausen, Radsport Schumacher, Lochstrasse 6, 052 625 05 77
• Merishausen, Velo-Sport Russenberger, Kirchgasse 2, 052 653 15 48

Streckenprofil

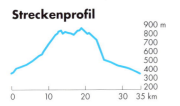

Tipp
Für die Erkundung seltener Blumen ist ein Pflanzenführer hilfreich.

Durch stille Täler geht es hinauf zu den Reiathöhen, wo sich der Blick weitet auf den Hegau mit seinen markanten Vulkankegeln. Durch stille Täler geht es wieder hinunter und zurück nach Schaffhausen.

4 Reiattour
Im nördlichsten Zipfel der Schweiz

anspruchsvoll • Natur

Das mittelalterliche Städtchen Tengen

Die historische Altstadt von Tengen besteht vor allem aus dem Marktplatz mit seinem malerischen Stadttor auf der einen und dem 32 Meter hohen «Bergfried» auf der andern Seite.

Durch das Körbeltal

Abseits der grossen Verkehrsströme liegt leicht versteckt das idyllische, verträumte Körbeltal. Abwärtsfahrend kann man die Stille und Ruhe dieses Tales so richtig geniessen.

Wo hört der Reiat auf, und wo beginnt der Hegau? Was gehört zur Schweiz und was zu Deutschland? In der prächtigen Landschaft nimmt man keine Grenzen wahr.

Durch das Freudental
Das Freudental ist mit seinen Biotopen, den blühenden Rapsfeldern und Obstbäumen, den sanften Matten und abgelegenen Höfen ein richtiges Idyll. Da macht selbst das Aufwärtsfahren Freude.

Auf dem Grenzweg
Zwischen Wiechs und Neuhaus führt der Weg ein Stück weit der Grenze entlang. Am höchsten Punkt (817 m ü.M.) winkt als Belohnung für den zum Schluss recht ruppigen Aufstieg ein herrlicher Rundblick über die Hegauvulkane und den Schwarzwald auf deutscher Seite, den Reiat und den Randen auf Schweizer Seite.

Naturschutzreservat Tannbüel
Im Frühling, wenn die Orchideen blühen, lohnt sich ein Abstecher zum Tannbüel. Hier findet man in einem lichten Wald – neben vielen anderen seltenen Pflanzen – rund 20 Orchideenarten.

Wegbeschreibung
1› Bahnhof Schaffhausen, nordöstlicher Ausgang, beim Kreisel Richtung Norden (Mühlentalstrasse). **2›** Beim Kreisel rechts (Velowegweiser Singen/Herblingen). **3›** Nach dem Tierheim links Richtung Lohn. **4›** Nach den ersten Bauernhöfen links auf geteerte Nebenstrasse einbiegen. **5›** Halblinks dem Wanderwegweiser nach Opfertshofen folgen. **6›** Auf der Radroute nach Tengen. **7›** Eingangs Tengen rechts in die historische Altstadt fahren. Weiterfahrt beim Brunnen links und nach der Brücke rechts. **8›** Beim Schwimmbad auf den Radweg wechseln und Velowegweiser nach Thayngen folgen. **9›** Bei den ersten Häusern Radweg verlassen und in die Kantonsstrasse Richtung Schaffhausen einbiegen. **10›** Der Route 753 bis Schaffhausen folgen.

Variante
Abstecher zum Naturschutzreservat Tannbüel.

Streckeninformation
Rundtour Schaffhausen–Tengen (D)–Schaffhausen
Länge ca. 46 km
Höhenmeter im Aufstieg: ca. 680
Verkehr: Verkehrsarme asphaltierte Strassen und Velowege, ca. 4 km Flurwege.
(Pass/ID mitnehmen)

Anbindung an ÖV
Schaffhausen: Regionalzüge und Schnellzüge, Schiff
Thayngen: Regionalzüge

Anbindung an Veloland
Thayngen, Kesslerloch: Route 753
Schaffhausen: Routen 2, 26, 77, 82, 86, Rheintal-Radweg

Verpflegung
- Bei den Reiathöfen, zum Ferienheim, an der Route, 052 649 20 75, Besenbeiz, nur am Wochenende
- Opfertshofen, Reiatstube, Dorfstr. 57, 052 649 41 22, schöne Aussicht
- Wiechs, Gasthof zur Sonne, Hauptstr. 57, +49 (0) 7736 75 43, Gourmetrestaurant
- Tengen, Landgasthof zum Schützen, Marktstrasse 10, +49 (0) 7736 279
- Thayngen, Landgasthof Hüttenleben, Drachenbrunnenweg 5, 052 645 00 10

Picknick
- Aussichtspunkt oberhalb Opfertshofens
- Beim Kesslerloch

Ausflugsziele
Naturschutzgebiet Tannbüel Das 45 ha grosse Schutzgebiet von nationaler Bedeutung liegt direkt an der Landesgrenze und gehört zur Gemeinde Bargen.
www.bargen.ch
Tengen In Tengen findet jeweils am letzten Wochenende im Oktober der beliebte Schätzelemarkt statt.
www.tengen.de
Hegauvulkane Hohenhewen, Hohenstoffeln, Hohenkrähen und Hohentwiel.
www.hegau.de
Kesslerloch Die Höhle Kesslerloch gehört zu den bedeutendsten Fundstellen der späten Eiszeit in Europa.
www.schaffhauserland.ch
Bademöglichkeit Reiatbadi, idyllisch an der Biber gelegen.
www.badi-unterer-reiat.ch

Velofachgeschäfte
- Schaffhausen, Leu Velos, Rosengässchen 3, 052 625 49 10
- Thayngen, Velo Narr, im Gatter 6, 052 649 31 39
- Schaffhausen Herblingen, Schopper Velos – Motos, Herblingerstrasse 26, 052 643 25 20

Streckenprofil

Tipp
In Tengen: Kurze Wanderung durch die Mühlbachschlucht zum alten Mühlrad.

Nach einer etwas unruhigen Fahrt durch ein Gebiet voller verschiedenartig geformter Vulkankegel geht es entlang den idyllischen Wasserläufen von Saubach, Aach und Biber geruhsam zurück zum Ausgangspunkt Thayngen.

5
Hegautour
Im Vulkan- und Burgenland

mittel • Natur

Aachquelle

Der Aachtopf ist Deutschlands grösste Quelle. Es handelt sich dabei grösstenteils um Donauwasser, welches zwischen Immendingen und Fridingen versickert und für den 15 km langen Weg durch das poröse Karstgestein 30 bis 60 Stunden benötigt.

Radolfzeller Aach

Die Fahrt entlang der Radolfzeller Aach ist ein besonderer Höhepunkt. Der mächtigste Hegauberg – der Hohentwiel mit der grössten Burgruine Deutschlands – rückt dabei immer näher.

Für die Ritter im Mittelalter waren die Vulkankegel in erster Linie sichere Horte. Davon zeugen die vielen gut erhaltenen Burgruinen.

Hegauvulkane

Sie tragen stolze Namen wie Hohenhewen, Hohenstoffeln, Hohenstaufen oder Hohentwiel und sind seit 6 Millionen Jahren erloschen – die Vulkane des Hegaus, seltsame Erhebungen aus Phonolith- und Basaltgestein in verschiedensten Formen.

Mägdeberg

Schon von weitem ist die Ruine Mägdeberg (664 m ü. M.) sichtbar. Auf einem Fussweg hochsteigend, betritt man ein mystisch anmutendes Ruinenareal und geniesst eine fantastische Aussicht.

Hohenkrähen

Der Hohenkrähen ist zwar der kleinste, zugleich aber der markanteste Vulkankegel. Wie ein Turm ragt er rund 200 m aus der Ebene empor und scheint die Ortschaft unter sich zu bewachen, die denn auch folgerichtig Schlatt unter Krähen heisst.

Wegbeschreibung

1› Zum Kreisel in der Dorfmitte, dann zur Kirche hinauf und geradeaus nach Ebringen. **2›** Links auf Radweg Nr. 15. **3›** Beim Parkplatz scharf links zur Unterführung, in der Dorfmitte Richtung Duchtlingen. **4›** An der Kirche vorbei geradeaus. **5›** Nach der Unterführung kurz rechts, dann links in die Schmiedstrasse, 200 m nach der Bahnlinie wieder rechts auf Radweg Nr. 11. **6›** Auf der asphaltierten Strasse bleiben und in Schlatt geradeaus (Radweg Nr. 4). **7›** Kurzes Stück auf der Hauptstrasse, dann links Richtung Friedingen und nach der Kirche Radweg Nr. 6 zur Aach. **8›** Alles der Hauptstrasse entlang und 500 m nach dem Kreisel rechts in die Hofenackerstrasse. **9›** Nach dem Weiler Hofenacker links Radweg Richtung Buch. **10›** Ab Buch Route 753 nach Thayngen.

Variante

Abstecher an die Aachquelle (9 km).

Streckeninformation
Rundtour Thayngen–Mühlhausen (D)–Thayngen
Länge: ca. 45 km
Höhenmeter im Aufstieg: ca. 270
Verkehr: Verkehrsarme Nebenstrassen und Velowege, ca. 5 km Flurwege.
(Pass/ID mitnehmen)

Anbindung an ÖV
Thayngen: Regionalzüge
Singen: Regional- und Schnellzüge

Anbindung an Veloland
keine

Verpflegung
• Duchtlingen, Landgasthof Linde, Hegaustrasse 19, +49 (0) 7731 45429
• Hausen an der Aach, Gasthaus zur Sonne, Am Bach 1, +49 (0) 7731 42988
• Singen, Café Hanser, August-Ruf-Strasse 4, +49 (0) 7731 67799, Kaffeehauskultur pur mit den besten Kuchen der Stadt
• Rielasingen, Hotel Krone, Hauptstrasse 3, +49 (0) 7731 87850
• Buch, Restaurant Dreispitz, Hardstrasse 2, 052 743 17 73
Picknick
• Grillplätze in der Ruine Mägdeberg

Ausflugsziele
Mägdeberg Schon zur Keltenzeit diente dieser Vulkankegel als Kultstätte. Die Burg wurde 1235 gebaut.
www.burgen-und-ruinen.de
Kirche St. Peter und Paul Die Mitte des 18. Jh. erbaute Hilzinger Kirche gilt als bedeutendes Werk des Rokoko.
Säge Buch Alte, von einem Wasserrad angetriebene Gattersäge.
www.heimatvereinigung.ch
Hegau-Museum Der Mensch vom Ende der Eiszeit bis ins frühe Mittelalter.
www.in-singen.de
Bademöglichkeiten
• Aachbad Singen, Schaffhauserstr. 34
• Schwimmbad Büte, Thayngen

Velofachgeschäfte
• Thayngen, Velo Narr, im Gatter 6, 052 649 31 39
• Singen, Fahrrad Graf, Hauptstrasse 52, +49 (0) 7731 62227
• Hilzingen, Biber Radsporttechnik, Hombollstrasse 9, +49 (0) 7731 13554

Streckenprofil

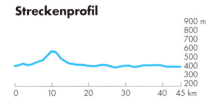

Tipp
Aufstieg zur Burgruine Hohentwiel mit zugehöriger Schäferei.

Mit schönen Aussichten auf die Vulkanlandschaft des Hegaus und auf das Riedgebiet der Aach fährt man dem Ziel der ersten Etappe entgegen, der am «Schwäbischen Meer» gelegenen autofreien Altstadt Radolfzell.

6
Schaffhausen–Konstanz
Etappe 1: Schaffhausen–Markelfingen

leicht • Baden

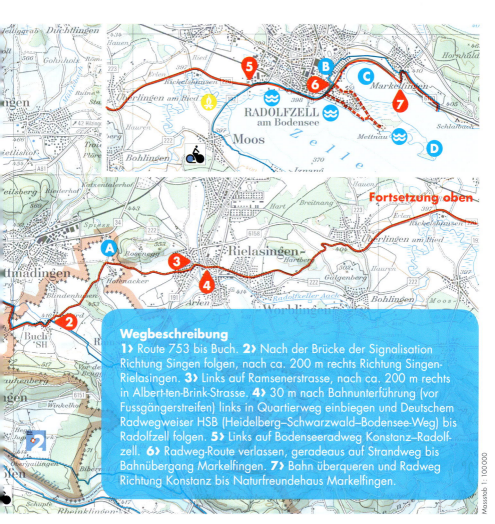

Wegbeschreibung

1› Route 753 bis Buch. **2›** Nach der Brücke der Signalisation Richtung Singen folgen, nach ca. 200 m rechts Richtung Singen-Rielasingen. **3›** Links auf Ramsenerstrasse, nach ca. 200 m rechts in Albert-ten-Brink-Strasse. **4›** 30 m nach Bahnunterführung (vor Fussgängerstreifen) links in Quartierweg einbiegen und Deutschem Radwegweiser HSB (Heidelberg–Schwarzwald–Bodensee-Weg) bis Radolfzell folgen. **5›** Links auf Bodenseeradweg Konstanz–Radolfzell. **6›** Radweg-Route verlassen, geradeaus auf Strandweg bis Bahnübergang Markelfingen. **7›** Bahn überqueren und Radweg Richtung Konstanz bis Naturfreundehaus Markelfingen.

Massstab 1 : 100 000

Bodenseelandschaft
An den Ufern des nördlichen Zipfels des Gnadensees und am Zellersee finden sich herrliche Badeplätze inmitten schönster Natur.

Naturschutzgebiet Mettnau
Die Halbinsel Mettnau und die ausgedehnten Seeflächen rund um den Zellersee sind wertvolle Lebensräume für zahlreiche Vögel, Tiere und Pflanzen.

 Buecher Schüppel
Der Buecher Schüppel ist eine landschaftlich reizvolle Schweizer Landzunge, die zwischen Gottmadingen und Rielasingen in deutsches Gebiet hineinlappt.

 Altstadt Radolfzell
Die Stadt mit ihren Winkeln und Gassen, dem beeindruckenden Münster und den vielen historischen Gebäuden besitzt mit ihrer fast 1200-jährigen Geschichte

eine ereignisrei
Von der kleinen
bauernsiedlung
sich zum bekan
und heutigen to
wirtschaftlichen
Region Untersee

**Schon die Rö
die Stützpun
Bodensee w
angenehmer
den beliebte
der Alpen.**

Streckeninformation
Von Schaffhausen bis Markelfingen
Länge: ca. 37 km
Höhenmeter im Aufstieg: ca. 210
Verkehr: Radwege und asphaltierte Nebenstrassen, ca. 500 m Flurwege.
(Pass/ID mitnehmen)

Anbindung an ÖV
Schaffhausen: Regional- und Schnellzüge, Schiff
Singen: Regional- und Schnellzüge
Radolfzell: Regional- und Schnellzüge, Schiff

Anbindung an Veloland
Schaffhausen: Routen 2, 26, 77, 82, 86, Rheintal-Radweg
Radolfzell: Bodensee-Radweg, Euro-Route Nr. 6

Verpflegung
• Randegg, Auberge Harlekin, Gailingerstr. 6, +49 (0) 7734 63 47, www.restaurant-harlekin.de, Kulinarisches, Kunst und Kultur
• Überlingen am Ried, Gasthaus Alte Mühle, Brunnenstrasse 22, +49 (0) 7731 83 85 98 10
• Radolfzell, Café VELA, Karl-Wolf-Strasse 11, +49 (0) 7732 44 78, Sonnenterrasse an der Seepromenade
• Markelfingen, Naturfreundehaus Bodensee, Radolfzellerstrasse 1, +49 (0) 7732 82 37 70, www.nfhb.de

Picknick
• In der Radolfzellerbucht

Ausflugsziele
Reiatmuseum Museum zur Lokalgeschichte mit Ausstellungen von alten Handwerkzeugen.
www.reiat-tourismus.ch
Historische Altstadt Radolfzell
Eine der ersten Siedlungen im Bodenseegebiet.
www.radolfzell.de
Naturschutzgebiet Mettnau
Bedeutendes Natur- und Vogelschutzgebiet am Bodensee.
www.nabu-mettnau.de
Übernachtung Familienfreundliches Naturfreundehaus am Bodensee mit eigenem Campingplatz und Badestrand.
www.nfhb.de
Badenmöglichkeiten
• Seebad Radolfzell, Mettnaustrasse 2, +49 (0) 7732 10 548
• Strandbad Mettnau, Strandbadstrasse 100, +49 (0) 7732 10 232

Velofachgeschäfte
• Schaffhausen, Schopper Velos, Herblingerstrasse 26, 052 643 25 20
• Thayngen, Velo Narr, im Gatter 6, 052 649 31 39
• Radolfzell, Zweirad Joos, Schützenstrasse 11, +49 (0) 7732 82 36 80
• Radolfzell-Mettnau, rad + tat radsport, Scheffelstrasse 10A, +49 (0) 7732 97 94 02

Streckenprofil

Tipp
Vom 18 Meter hohen Mettnau-Turm aus hat man eine fantastische Rundsicht.

Die zweite Etappe auf dem Weg nach Konstanz bietet eine eigentliche Seentour: Vom Gnadensee zum verträumten Mindelsee und dann dem Überlingersee entlang, wo der Blick sich öffnet auf den Obersee.

7
Schaffhausen–Konstanz
Etappe 2: Markelfingen–Konstanz

leicht • Baden

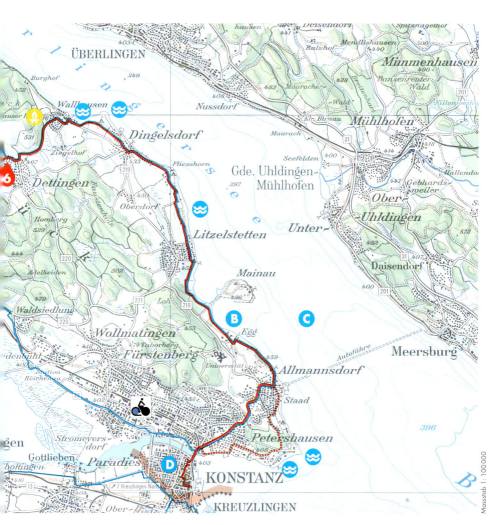

Vor der weiten Fläche des Bodensees stehend, wähnt man sich am Ufer eines Meeres, dessen Wasserspiegel sich am Horizont mit dem Himmel zu treffen scheint.

Historische Altstadt Konstanz
Die Universitätsstadt blickt zurück auf eine reiche Vergangenheit. Mit seinen Strassencafés und den Seepromenaden verbreitet Konstanz schon fast südliches Flair.

Wegbeschreibung
1> Vom Naturfreundehaus zurück nach Markelfingen, rechts in die Oberdorfstrasse abbiegen und Richtung Wild- und Freizeitpark fahren. **2>** Wegweiser Friedhof-Mindelsee folgen. Auf Flurweg am Mindelsee entlang. **3>** Links Richtung Kaltbrunn. **4>** Rechts abbiegen, auf markierter Radroute Richtung Dettingen. **5>** Links abbiegen, auf der Zollerstrasse nördlich am Dorf vorbei Richtung Wallhausen. **6>** Auf Bodensee-Radweg erst rechts, nach 50 m links weiterfahren bis Konstanz.

Variante
In Staad auf dem ausgeschilderten Flurweg am See entlang.

Mindelsee
Der idyllische kleine See ist ein Naturschutzgebiet mit mehr als 700 verschiedenen Blütenpflanzen, unzähligen Moos- und Algenarten und ebenso reicher und vielfältiger Tierwelt. Auch als Badeplatz ein Geheimtipp!

Region Mainau
Zwischen Dingelsdorf und der Insel Mainau fährt man durch malerische ufernahe Naturschutz-

gebiete mit alter und staunt über Ahornriesen der Bernadotte-Allee

«Schwäbische
Das «Schwäbisc der Bodensee a ist der drittgröss teleuropas. Er g Obersee mit sei gen Ausläufer, und den Unterse und Zellersee.

**Streckeninformation
Von Markelfingen bis Konstanz
Länge: ca. 28 km
Höhenmeter im Aufstieg: ca. 260
Verkehr: Wenig befahrene Nebenstrassen und Velowege, ca. 5 km Flurwege.**

Anbindung an ÖV
Konstanz: Regional- und Schnellzüge, Schiff
Kreuzlingen: Regional- und Schnellzüge, Schiff

Anbindung an Veloland
Kreuzlingen: Route 2, Bodensee-Radweg

Verpflegung
- Allensbach-Kaltbrunn, Landgasthaus Mindelsee, Gemeinmärk 7, +49 (0) 7533 93 16 13
- Insel Mainau, Restaurant Schwedenschenke, +49 (0) 7531 303 156
- Staad, Restaurant Hohenegg (schöner Blick auf den See), Hoheneggstrasse 45, +49 (0) 7531 33530
- Konstanz, Bodensee-Therme, Restaurant Seelig, +49 (0) 7531 36 30 72 00

Picknick
- Am Mindelsee
- Nach Kaltbrunn
- Vor Wallhausen

Ausflugsziele
Wild- und Freizeitpark Allensbach Wildgehege, Spielmöglichkeiten, Picknick und vieles mehr.
www.wildundfreizeitpark.de

Insel Mainau Blütenpracht nach Jahreszeit – die Blumeninsel Mainau lohnt sich immer.
www.mainau.de

Fähre Meersburg Die Überfahrt von Konstanz-Staad nach Meersburg dauert nur 15 Minuten.
www.stadtwerke.konstanz.de

Altstadt Konstanz In der historischen Stadt Konstanz finden täglich Stadtführungen statt.
www.konstanz-tourismus.de

Bademöglichkeiten
- Mindelsee, freie Badestellen
- Strandbäder Klausenhorn in Dingelsdorf und Horn (Hörnle) in Konstanz.

Velofachgeschäfte
- Radolfzell, Mees Friedemann, Höllturm-Passage 1, +49 (0) 7732 28 28
- Konstanz, Radsport Radial GmbH, Inselgasse 13, +49 (0) 7531 22 532
- Konstanz, Rad-Center Paradies, Untere Laube 32, +49 (0) 7531 16 053

Streckenprofil

Tipp
Bei Sonnenuntergang im Strandbad Horn bei Konstanz-Staad ins Wasser eintauchen.

Mal fliesst er, mal schäumt er, mal liegt er ruhig da. Der Rhein mit all seinen Facetten ist Dreh- und Angelpunkt dieser Tour. Der Rheinfall und das auf einer Insel gelegene Kloster Rheinau sind die Höhepunkte.

8
Rheinfall-Rheinau-Tour
Kultur am Rhein

mittel • Kultur

D

Schloss Laufen

Das Schloss Laufen – benannt nach dem früheren Namen des Rheinfalls, «Grosser Laufen» – thront auf einem Felsen hoch über dem tosenden Wasser und bietet einen schönen Blick auf das imposante Naturschauspiel.

Rhybadi Schaffhausen

Seit 1870 stellt das grösste noch erhaltene Holz-Kastenbad der Schweiz, das die Form eines gegen den Strom schwimmenden Schiffes hat, unter dem Munot seinen Bug in die Rheinströmung. Eine sehr beliebte Badi.

Der Rheinfall ist keineswegs ein Reinfall, aber im Sommer in den Rhein zu fallen, kann sehr angenehm sein.

Rheinfall

Der Rheinfall ist der grösste Wasserfall Europas. Pro Sekunde stürzen sich hier je nach Wasserstand mehrere Hunderttausend Liter Wasser 23 Meter in die Tiefe. Per Ausflugsboot gelangt man zu dem mitten in den tosenden Wassermassen stehenden Felsen, den man über schmale und steile Treppen besteigen kann.

Rheinau

Die Rheindoppelschleife mit dem ehemaligen Benediktinerkloster auf der Insel mitten im Strom lädt zum Verweilen ein. Bis 1862 lebten hier Mönche. Später wurden die Räumlichkeiten als Pflegeheim genutzt. Die barocke Klosterkirche entstand im 17. Jahrhundert.

Dachsen

Das Dorf bietet einen schönen Dorfkern mit alten Riegelhäusern und eine idyllisch am Rheinufer gelegene Badi mit weitläufigen romantischen Liegewiesen.

Wegbeschreibung

Ausgeschilderte SchweizMobil-Route.
1> Am Bahnhof Route 2 Richtung Rheinfall. **2>** Vor der Flurlingerbrücke Route 752 zum Rheinfall. **3>** Achtung: Scharf links abbiegen! **4>** Weiter auf der Route 752 über Nohl und Altenburg nach Rheinau (z.T. deutsche Wegweiser). **5>** Ab Hallenbad auf der Route 2 bis Schaffhausen.

Streckeninformation
Rundtour Schaffhausen–Rheinau–Schaffhausen
Länge: ca. 25 km
Höhenmeter im Aufstieg: ca. 360
Verkehr: Verkehrsarme Strassen, ca. 3 km Flurwege.
(Pass/ID mitnehmen)

Anbindung an ÖV
Schaffhausen: Regional- und Schnellzüge, Schiff
Neuhausen: Regional- und Schnellzüge
Schloss Laufen: S33
Dachsen: S33
Rheinau: Schiff

Anbindung an Veloland
Schaffhausen: Routen 2, 26, 77, 82, 86, Rheintal-Radweg
Rheinau: Route 2

Ausflugsziele
Rheinfall Auf einer Breite von 150 Metern stürzt das Wasser mit ohrenbetäubendem Getöse in die Tiefe.
www.rheinfall.ch
Adventure Park Grösster Seilpark der Deutschschweiz – ein Eldorado für Abenteuerlustige.
www.ap-rheinfall.ch
Schloss Laufen Über 1000 Jahre Geschichte mit Historama, Erlebnispfad und historischer Jugendherberge.
www.schlosslaufen.ch
Kloster Rheinau Der Legende nach um 778 gegründet.
www.klosterkircherheinau.ch
Bademöglichkeiten
- Dachsen, Rhein- und Freibad Bachdelle
- Schaffhausen, Rhybadi

Verpflegung
- Neuhausen, Restaurant Park am Rheinfall, Rheinfallquai 5, 052 672 18 21
- Nohl, Taverne Nohlbuck, Besenbeiz, 079 313 55 13, Öffnungszeiten unter www.taverne-nohlbuck.ch
- Rheinau, Café Restaurant Rhyblick, Poststrasse 94, 052 319 20 20
- Laufen, Restaurant Schloss Laufen, 052 659 67 67
- Flurlingen, Restaurant Rheintal, Gründenstrasse 31, 052 659 17 70

Picknick
- Schöner Grillplatz in der Badi Dachsen

Velofachgeschäfte
- Schaffhausen, Pedale GmbH, Rheinstrasse 30, 052 620 27 17
- Neuhausen, Flückiger Peter, Velos Motos, Rheingoldstrasse 5, 052 672 13 85
- Neuhausen, Maurer Erich, Velo – Mofa, Klettgauerstrasse 48, 052 672 33 19

Streckenprofil

Tipp
Ab Dachsen mit dem Badischiff zum Rheinfall und sich im Wasser zurücktreiben lassen.

Ein Panoramaweg mit schöner Aussicht führt an den «Berghöfen» vorbei über den Hallauerberg. Nach einer angenehmen Abfahrt geht es weiter der Wutach entlang ins mittelalterliche Städtchen Tiengen.

9
Tiengen (D) an der Wutach
Grenzerfahrung als Naturerlebnis

mittel • Natur

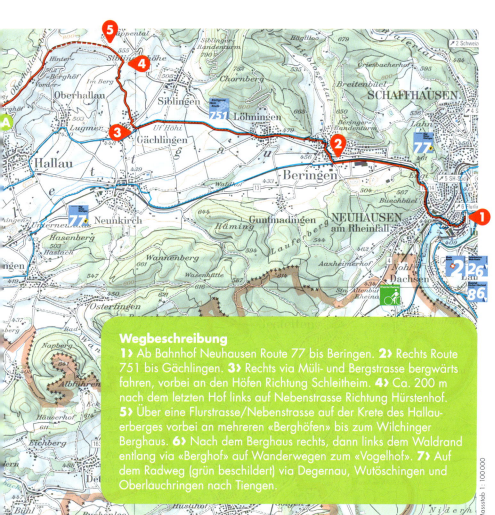

Wegbeschreibung

1› Ab Bahnhof Neuhausen Route 77 bis Beringen. **2›** Rechts Route 751 bis Gächlingen. **3›** Rechts via Müli- und Bergstrasse bergwärts fahren, vorbei an den Höfen Richtung Schleitheim. **4›** Ca. 200 m nach dem letzten Hof links auf Nebenstrasse Richtung Hürstenhof. **5›** Über eine Flurstrasse/Nebenstrasse auf der Krete des Hallauerberges vorbei an mehreren «Berghöfen» bis zum Wilchinger Berghaus. **6›** Nach dem Berghaus rechts, dann links dem Waldrand entlang via «Berghof» auf Wanderwegen zum «Vogelhof». **7›** Auf dem Radweg (grün beschildert) via Degernau, Wutöschingen und Oberlauchringen nach Tiengen.

Massstab 1 : 100 000

Eine grenzüberschreitende Velofahrt mit Ausblick bringt Einblicke in die Vergangenheit einer kleinen Stadt in der deutschen Nachbarschaft.

Tiengen

Das lebendige mittelalterliche Städtchen liegt nahe der Einmündung der Wutach in den Rhein. Verschiedene historische und kirchliche Gebäude prägen die Altstadt.

am alten
zwei grosse
ge an. Sie
ielen
e einst die
ch nutzten.

Hallauerberg

Ein Hügelzug zwischen dem Klettgau und dem Wutachtal. Der Weg führt oberhalb des Rebbaugebietes über Wiesen und durch kleine Wäldchen von Berghof zu Berghof. Die Aussicht ist prächtig.

Wutachtal

Das Fremde nach der Grenze: die deutschen Dörfer Degernau, Wutöschingen und Lauchringen. Der Radweg, oft auf einem Damm verlaufend, folgt der Wutach bis nach Tiengen.

Wasserräder

In Oberlauchrin
Mühlekanal, tre
Wasserräder ei
sind die letzten
Wasserrädern,
Wasserkraft der

Streckeninformation
Von Neuhausen nach Tiengen
Länge: 43 km
Höhenmeter im Aufstieg: ca. 400
Verkehr: Verkehrsarme Strassen und Radwege, teils Flurwege.
(Pass/ID mitnehmen!)

Anbindung an ÖV
Neuhausen: Regional- und Schnellzüge
Tiengen: Regionalzüge DB

Anbindung an Veloland
Neuhausen: Routen 2, 26, 86, Rheintal-Radweg
Tiengen: Rheintal-Radweg

Verpflegung
• Gächlingen, Restaurant Haumesser (Gartenwirtschaft), Schulstrasse 2, 052 681 11 47
• Tiengen, Restaurant Poseidon, griechische Spezialitäten, Hauptstrasse 68, +49 (0) 7741 807 192
• Tiengen, Restaurant Ratsstube da Melo, italienische Spezialitäten, Hauptstrasse 36, +49 (0) 7741 7836

Picknick
• «Uf Rummelen», Picknickplatz mit Feuerstellen und fliessend Wasser

Ausflugsziele
Wasserräder Die Wasserkraft an der Wutach wird seit 1418 beschrieben. Bei Lauchringen laufen die Wasserräder heute noch.
Tiengen Erste Ansiedlungen sind seit der Jungsteinzeit bekannt. Zahlreiche Baudenkmäler zeugen von einer bewegten Geschichte.
www.tiengen.de
Schwyzertag Am 1. Sonntag im Juli feiert Tiengen die Vertreibung der eidgenössischen Söldner zu Beginn des 15. Jahrhunderts. Ein Fest mit Trachten, Uniformen und Musik.

Bademöglichkeiten
• Freibad Lauchringen, am Dorfausgang, direkt am Radweg
www.lauchringen.de
• Freibad Tiengen, Badstrasse 36, Waldshut-Tiengen
www.schwimmbadcheck.de

Velofachgeschäfte
• Beringen, Randen Bike GmbH, Schaffhauserstrasse 237, 052 685 14 25
• Hallau, Rich Hans, Velocenter, Wunderklingerstrasse 14, 052 681 10 75
• Trasadingen, Velo-Doktor Weder AG, Bahnhofstrasse 109, 052 681 22 64
• Wutöschingen, Timmo Preiser, Fahrradservice, Degernaustrasse 24, +49 (0) 7746 92 74 42

Streckenprofil

Tipp
Schlafen im Stroh auf dem Erlebnisbauernhof Wilchinger Berghaus: www.farmer.ch

Durch die Schaffhauser Exklave Buchberg-Rüdlingen und den nördlich des Rheins gelegenen Zürcher Kantonsteil Rafzerfeld zu den ausgedehnten Pferdeweiden im Jestetter Zipfel – mit Start und Ziel in Eglisau.

10
Exklaventour
Buchberg, Eichberg, Rafzer Ebene

mittel • Natur

 Baltersweiler Käppele
Die kleine Appolinia-Kapelle erinnert an die Pilgerzeiten. Sie wird vom Förderverein liebevoll gepflegt und bietet ein schönes, schattiges Bänkchen zum Ausruhen, von dem aus man den Anblick der Alpen geniessen kann.

 Hofgut Albführen
Das stilvoll renovierte Hofgut mit seinen 150 Pferden entführt den Besucher in eine andere Welt. Dressur- und Springpferde werden hier ausgebildet. Zudem gibt es ein edles Restaurant.

 Eichberg
Tierfreunde kommen auch in Eichberg voll auf ihre Rechnung: Im Streichelzoo des Gasthauses Rebstock lassen sich Kängurus, Esel, Lamas etc. hautnah erleben.

A

Eglisau
Verträumt am Rhein gelegen, hat Eglisau eine wichtige Brückenfunktion. Die meist aus dem 17. Jh. stammenden Häuser und die reformierte Kirche prägen heute das Bild der malerischen Altstadt.

Kirche Buchberg
Die Kirche von Buchberg steht auf einer Plattform, die einen schönen Blick auf den Rhein bietet, der sich tief unten durch den schmalen Durchgang zwischen Hurbig und Irchel zwängt, nachdem er vorher in weiten Bogen durch die Ebene von Flaach geschweift ist.

Im Jahr 1520 erwarb die Stadt Schaffhausen vom Kloster Rheinau die niedere Vogtei über Buchberg und Rüdlingen für 935 Gulden.

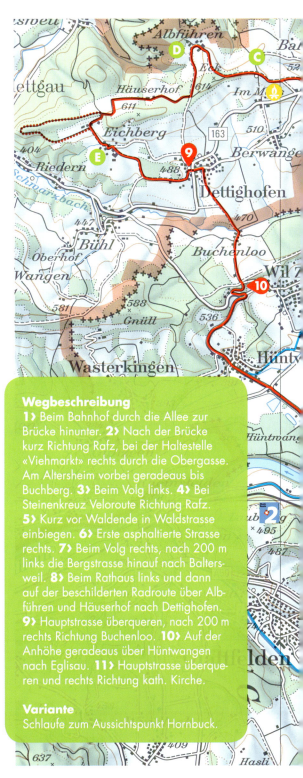

Wegbeschreibung
1› Beim Bahnhof durch die Allee zur Brücke hinunter. **2›** Nach der Brücke kurz Richtung Rafz, bei der Haltestelle «Viehmarkt» rechts durch die Obergasse. Am Altersheim vorbei geradeaus bis Buchberg. **3›** Beim Volg links. **4›** Bei Steinenkreuz Veloroute Richtung Rafz. **5›** Kurz vor Waldende in Waldstrasse einbiegen. **6›** Erste asphaltierte Strasse rechts. **7›** Beim Volg rechts, nach 200 m links die Bergstrasse hinauf nach Baltersweil. **8›** Beim Rathaus links und dann auf der beschilderten Radroute über Albführen und Häuserhof nach Dettighofen. **9›** Hauptstrasse überqueren, nach 200 m rechts Richtung Buchenloo. **10›** Auf der Anhöhe geradeaus über Hüntwangen nach Eglisau. **11›** Hauptstrasse überqueren und rechts Richtung kath. Kirche.

Variante
Schlaufe zum Aussichtspunkt Hornbuck.

Streckeninformation
Rundtour: Eglisau–Albführen–Eglisau
Länge: ca. 35 km
Höhenmeter im Aufstieg: ca. 530
Verkehr: Verkehrsarme Nebenstrassen und Velowege
(Pass/ID mitnehmen)

Anbindung an ÖV
Eglisau: S5, S22, S41
Rafz: S5, S22
Hüntwangen-Wil: S5, S22

Anbindung an Veloland
Eglisau: Route 2
Rafz: Rheintal-Radweg

Verpflegung
- Eglisau, Gasthof Hirschen, Untergass 28, 043 411 11 22, Kulinarisches aus der Region in denkmalgeschütztem Haus.
- Rafz, Restaurant Frohsinn, Landstrasse 11, 044 869 06 37
- Albführen, Restaurant Hofgut Albführen, +49 (0) 7742 92 960, www.albfuehren.de, Geheimtipp für Feinschmecker und Pferdenarren
- Eichberg, Gasthof Rebstock, Im Eichberg 29, +49 (0) 7742 72 11, schönes Gartenrestaurant

Picknick
- Grillplatz mit Schutzhütte und schöner Aussicht 250 m vor dem Baltersweiler Käppele

Ausflugsziele
Eglisau Das Zürcher Landstädtchen am Rhein mit einer schmucken Altstadt aus dem 17. Jahrhundert.
www.eglisau.ch
Eglisauer Viadukt 60 m hohe und fast 457 m lange Fachwerkbrücke.
Gattersagi Buchberg Die alte Gattersagi ist heute ein Museum.
www.gattersagi.ch
Rafz Weinbaudorf mit schönen alten Riegelhäusern.
Hofgestüt Albführen Gestüt mit Platz für ca. 150 Pferde. Daneben gibt es ein Hotel und ein schönes Restaurant.
www.albfuehren.de
Badmöglichkeiten
- Rheinbadi Eglisau: kleines Holz-Kastenbad am Rhein
www.badi-info.ch
- Schwimmbad Rafz-Wil
www.rafz.ch/de/tourismus

Velofachgeschäfte
- Eglisau, Hebeisen Paul, Velos – Motos, Zürcherstrasse 17, 044 867 19 40
- Berwangen, Bike-Werkstatt Wuchner, Zum Sonnenberg 4, +49 (0) 7745 9227 13
- Wil, Röbis Veloshop, Bächerwiesstrasse 17, 044 869 23 85

Streckenprofil

Tipp
In Eglisau bietet sich eine Schifffahrt an. Fahrplan unter www.szr.ch

Eine historische Route: Um die Zölle in Schaffhausen zu umgehen, wurde das kostbare Salz im 17. und 18. Jahrhundert auf Pferdewagen von Stein am Rhein nach Ellikon transportiert.

11
Auf dem Salzweg
Westwärts durchs Weinland

mittel • Baden

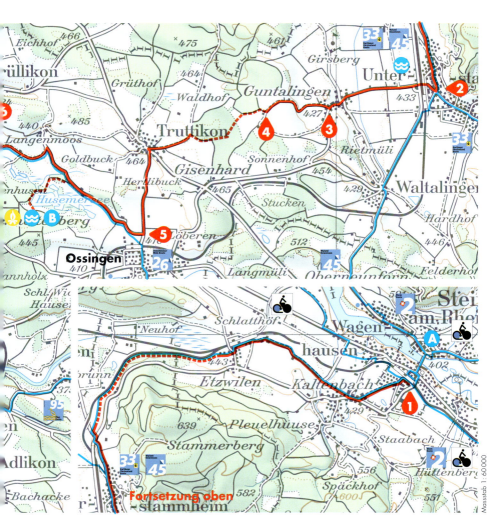

Obermühle, die Pfaffenstube, die Schmiedstube etc. – jedes Gebäude hat seinen Namen und sein eigenes Gepräge.

Ellikon am Rhein

Ganz ohne Motor, angetrieben lediglich von der Kraft des strömenden Wassers, verbindet eine Seilfähre Ellikon am Rhein mit der «Lottstetter Riviera» auf der deutschen Flussseite, einer herrlichen Liegewiese mit Tischen, Bänken und guten Feuerstellen.

Eine gemütliche Tour mit diversen Möglichkeiten, die Beine hochzulagern und die Route abzukürzen oder zu verlängern.

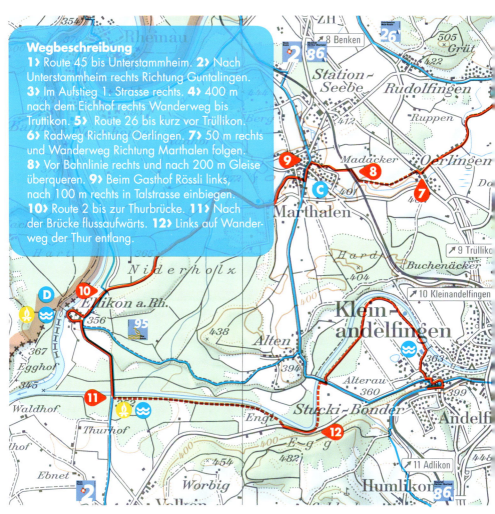

Wegbeschreibung
1› Route 45 bis Unterstammheim. 2› Nach Unterstammheim rechts Richtung Guntalingen. 3› Im Aufstieg 1. Strasse rechts. 4› 400 m nach dem Eichhof rechts Wanderweg bis Truttikon. 5› Route 26 bis kurz vor Trüllikon. 6› Radweg Richtung Oerlingen. 7› 50 m rechts und Wanderweg Richtung Marthalen folgen. 8› Vor Bahnlinie rechts und nach 200 m Gleise überqueren. 9› Beim Gasthof Rössli links, nach 100 m rechts in Talstrasse einbiegen. 10› Route 2 bis zur Thurbrücke. 11› Nach der Brücke flussaufwärts. 12› Links auf Wanderweg der Thur entlang.

Stein am Rhein
Vor Antritt der Tour lohnt sich ein kleiner Rundgang durch die malerischen Gassen von Stein am Rhein. Besonders auf dem Rathausplatz kann man sich von den Bürgerhäusern mit ihren prächtigen Fassadenmalereien und Erkern bezaubern lassen.

Husemersee
Der See liegt in einem Naturschutzgebiet, der westliche Teil ist aber zum Baden freigegeben. Verschiedene Badestege, lauschige Feuerstellen und eine grosse Liegewiese laden zum Verweilen ein. Der Moorsee erreicht schnell angenehme Temperaturen.

Marthalen
Eines der schön Zürcher Weinla nen Riegelhäuse Bauerngärten. D

Streckeninformation
Von Stein am Rhein nach Andelfingen
Länge: ca. 39 km
Höhenmeter im Aufstieg: ca. 200
Radwege oder wenig befahrene Nebenstrassen, ca. 11 km Flurwege.

Anbindung an ÖV
Stein am Rhein: Regionalzüge, Schiff
Marthalen: S33
Andelfingen: S16, S33

Anbindung an Veloland
Stein am Rhein: Routen 2, 45
Ellikon: Routen 2, 95
Andelfingen: Route 86

Verpflegung
- Unterstammheim, Gästehaus zum Adler, Oberdorf 1 A, 052 745 14 71
- Marthalen, Gasthof Rössli, Oberdorf 1, 052 319 13 37
- Ellikon am Rhein, Rhygarte, Dorfstrass 22, 052 319 32 32
- Ellikon am Rhein, Fischrestaurant zum Schiff, Dorfstrass 20, 052 319 34 34
- Kleinandelfingen, Restaurant Thurbrücke, Schaffhauserstrasse 1, 052 317 11 44

Picknick
- Am Husemersee
- Gegenüber Ellikon am Rhein
- An der Thur

Ausflugsziele
Hopfenlehrpfad Unterstammheim
Anmeldung obligatorisch bei Familie Reutimann, 052 745 27 19.
www.hopfentropfen.ch

Marthalen
Wissenswertes zur Dorfgeschichte und zu den Riegelbauten auf
www.marthalen.ch

Thurauen
2011 wurde in Flaach das Thurauenzentrum eröffnet, mit Erlebnispfad und Beobachtungstürmen im Auengebiet.
www.thurauenzentrum.ch

Bademöglichkeiten
- Unterstammheim, Schwimmbad Röhrli
- Husemersee
- Ellikon am Rhein, am deutschen Ufer
- An der Thur
- Andelfingen, Schwimmbad

Velofachgeschäfte
- Stein am Rhein, River Bike, Rathausplatz 15, 052 741 55 41
- Unterstammheim, Velosport Fridolin Keller, Wetti 17, 052 745 23 79
- Marthalen, Imbaumgarten Peter, Velos & Mofas, Talstrass 4, 052 319 10 11

Streckenprofil

Tipp
Zu Fuss von der Thurbrücke zu den Aussichtsplattformen im Auenwald.

Auf Nebenstrassen durch schönstes Landwirtschaftsgebiet, entlang von Bach und Fluss, See und Weiher – mit herrlichen Aussichten auf Säntis, Churfirsten, Untersee und Rhein.

12
Klingenzell
Von See zu See über den Seerücken

mittel • Baden

Nussbaumer- und Hüttwilersee

Die während der letzten Eiszeit entstandenen Seen sind ein wahres Paradies für Naturbeobachter. Von einer Plattform aus kann die vielfältige Vogel- und Pflanzenwelt bewundert werden.

Aussichtspunkt Klingenzell

Ein kurzer Abstecher zum Aussichtspunkt kurz vor Klingenzell ist ein absolutes Muss. Die Aussicht auf den Untersee mit den weiss leuchtenden Segelbooten und auf den Rhein mit der hoch über Stein thronenden Burg Hohenklingen ist grandios.

Sonne, Wasser und Erholung – eine Route fast ohne Waldpartie, mit Badeplätzen à discrétion und stillen Orten der Einkehr.

Geisslibach

Der Geisslibach ist unser treuer Begleiter von Diessenhofen bis fast nach Stammheim. Der Weg führt rechts oder links des Baches und wird von Bäumen gesäumt, die je nach Tageszeit angenehmen Schatten spenden.

Stammheim

Unterstammheim und Oberstammheim, zwei eigenständige Gemeinden, die mit ihren altehrwürdigen, malerischen Riegelhäusern einander doch sehr ähnlich sind. In Unterstammheim sticht das Gemeindehaus heraus, in Oberstammheim der Gasthof zum Hirschen.

Seebachtal

Das Seebachtal ist eine Landschaft von nationaler Bedeutung. Zwischen Oberstammheim und Hüttwilen verläuft eine schöne Strasse dem Talbecken entlang – mit herrlicher Aussicht auf Nussbaumer-, Hasen- und Hüttwilersee.

Wegbeschreibung

1› Ab Bahnhof Diessenhofen Route 82 Richtung Basadingen. **2›** Ausgangs Oberstammheim Route 33 nach Buch. **3›** Bei der Kirche Route 33 verlassen und links Richtung Hüttwilen. **4›** Nach dem Weiler Hueb in der Rechtskurve links in steil abfallendes Natursträsschen einbiegen. **5›** Nach dem Strandbad erstes Strässchen rechts. **6›** Ab Hüttwilen wieder Route 82. **7›** Kurz vor der Hauptstrasse links nach Klingenzell und Eschenz. **8›** In Eschenz 20 m vor der Bahnlinie links in Route 2 einbiegen.

Varianten

V1› In Eschenz geradeaus zur Insel Werd fahren und dann dem Rhein entlang nach Stein am Rhein.
V2› Auf dem Bodensee-Radweg südlich des Rheins nach Diessenhofen.

Streckeninformation
Rundtour Diessenhofen–Herdern–Diessenhofen
Länge: ca. 40 km
Höhenmeter im Aufstieg: ca. 400
Verkehr: Asphaltierte Nebenstrassen mit wenig Verkehr, ca. 10 km Flurwege.

Anbindung an ÖV
Diessenhofen: Regionalzüge, Schiff
Stammheim: S29
Stein am Rhein: Regionalzüge, Schiff

Anbindung an Veloland
Diessenhofen: Route 2
Stammheim: Route 45
Stein am Rhein: Routen 2, 45

Verpflegung
• Oberstammheim, Landgasthof zum Schwert, Hauptstrasse 7, 052 745 11 14
• Oberstammheim, Gasthof zum Hirschen, Steigstrasse 4, 052 745 11 24
• Hüttwilen, Restaurant Eintracht, Dorfstrasse 2, 052 747 11 13
• Herdern, Restaurant Löwen, Steckbornerstrasse 1, 052 740 00 33
• Klingenzell, Restaurant Klingenzellerhof, 052 741 24 52
Picknick
• Beim Aussichtspunkt Klingenzell
• An allen Badeplätzen

Ausflugsziele
Diessenhofen Malerisches Städtchen mit historischer Brücke.
www.diessenhofen.ch
Stammheim Grösstes und wichtigstes Dorf im Zürcher Weinland.
www.stammheim.ch
Seebachtal Die eiszeitliche Seenlandschaft ist heute BLN-Gebiet mit einer Fülle an Pflanzen- und Tierarten.
www.stiftungseebachtal.ch
Wallfahrtskirche Klingenzell
www.alt-steckborn.ch/klingenzell.html
Stein am Rhein Historische Altstadt.
www.steinamrhein.ch
Badmöglichkeiten
• Nussbaumersee, Hüttwilersee (Strandbad)
• Strandbad Stein am Rhein
• Bibermühle
• Strandbad Gailingen

Velofachgeschäfte
• Unterstammheim, F. Keller, Velosport, Wetti 17, 052 745 23 79
• Hüttwilen, H. Ammann, Velos – Motos, Dorfstrasse 1, 052 747 11 08
• Eschenz, A. Jud, Velos – Motos, Alte Bahnhofstrasse 2, 052 741 31 55
• Stein am Rhein, River Bike, Rathausplatz 15, 052 741 55 41

Streckenprofil

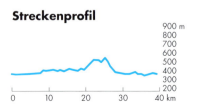

Tipp
Die Insel Werd ist über einen Steg erreichbar und bietet erholsame Ruhe.

Neben viel Kultur in Winterthur, Frauenfeld und Stein am Rhein verspricht der erste Tag der Kulturroute vor allem eine geruhsame Velofahrt vorbei an hübschen Dörfern und kleinen Seen.

13
Nordostschweizer Kultur
Etappe 1: Winterthur–Stein am Rhein

mittel • Kultur

D

Nussbaumer- und Hüttwilersee

Entspannung pur an den kleinen Seen des Weinlands. Das ursprüngliche Moorgebiet wurde zugunsten der Landwirtschaft vor etwa 70 Jahren trockengelegt. Heute gibt es aber Bemühungen, die Moorflächen zurückzugewinnen. An den beiden idyllischen Seen lässt es sich herrlich baden und picknicken.

Stein am Rhein

In der intakten Altstadt am westlichen Ende des Untersees können kulturell Interessierte einen Stadtrundgang absolvieren. Alternativ dazu lässt man sich am Rheinufer nieder und schaut dem Wasser und den Schiffen zu.

Früher verwalteten Vögte die Ländereien der Region. Zahlreiche Burgen, Schlösser und Klöster zeugen noch heute von dieser Zeit.

Wegbeschreibung

SchweizMobil-Infopoint bei Velostation HB Winterthur. **1›** Ab Bahnhofplatz Winterthur via Stadthausstrasse bis zur Verzweigung Graben. **2›** Route 45 Richtung Stein am Rhein bis nach Altikon. **3›** Route 95 Richtung Frauenfeld bis zum Bahnhof Frauenfeld. **4›** Route 33 bis Stein am Rhein (Bahnhof). **5›** Die Route 2 führt in die Altstadt Stein am Rhein.

Thur
Die Thur fliesst in diesem Abschnitt schnurgerade in ihrem Kanal. Auf den seitlichen Dämmen befinden sich Flurwege, die Spaziergängern vorbehalten sind. Die Veloroute verläuft auf ebenen Nebenstrassen.

Frauenfeld
In der von den Kyburgern gegründeten Stadt lädt das Schloss mit seinem historischen Museum zu einem Streifzug durch Leben und Kultur im Thurgau vom Mittelalter bis ins 20. Jahrhundert ein.

Kartause Ittingen
Seit dem 12. Jahrhundert befindet sich ausserhalb von Warth eine gut erhaltene Klosteranlage. Sehenswert ist die Klosterkirche, welche im 18. Jahrhundert opulent ausgestattet wurde – ein auffälliger Kontrast zu den traditionell kargen Räumlichkeiten des Klosters. Heute beherbergt sie Museen, Gärten und ein Labyrinth.

Streckeninformation
Von Winterthur nach Stein am Rhein
Länge: 51 km
Höhenmeter im Aufstieg: ca. 300
Verkehr: Wenig befahrene Nebenstrassen; bis auf kurze Abschnitte asphaltiert.

Anbindung an ÖV
Winterthur: verschiedene S-Bahnen, Fernverkehr
Frauenfeld: S8, S30, Schnell- und Regionalzüge
Stein am Rhein: Regionalzüge

Anbindung an Veloland
Winterthur: Routen 5, 45, 53, 86
Frauenfeld: Routen 33, 60, 95
Stein am Rhein: Route 2, Bodensee-Radweg

Verpflegung
- Frauenfeld, Café Hirt im Rhyhof, Rheinstrasse 11, 052 728 93 00
- Oberstammheim, Gasthof zum Hirschen, Steigstrasse 4, 052 745 11 24
- Hüttwilen, Strandbad Hüttwilersee mit Snack, am östlichen Ufer, Abstecher ab Buch. 052 747 15 48
- Stein am Rhein, Hotel Restaurant Schiff, Schiffländi 10, 052 741 22 73

Picknick
- Beim Badeweiher vor Frauenfeld
- Beim Hüttwiler- und Nussbaumersee

Ausflugsziele
Historisches Museum Thurgau
Schloss Frauenfeld, 052 724 25 20
www.historisches-museum.tg.ch
Kartause Ittingen Kulturanlage, Gärten, Museum und Labyrinth.
www.kartause.ch
Stein am Rhein Schöne Altstadt mit kulturell bedeutenden Bauten.
www.steinamrhein.ch
Museum Lindwurm Stein am Rhein, Leben und Arbeiten im 19. Jh., lebendig dargestellt, 052 741 25 12.
www.museum-lindwurm.ch
Bademöglichkeiten
Badestelle am Nussbaumersee, Seebad mit Kiesstrand und Sprungturm
www.badi-info.ch

Velofachgeschäfte
- Winterthur, Bikestop, Untere Vogelsangstrasse 2 (Salzhaus), 052 214 25 25
- Frauenfeld, Pedalerie GmbH, Schlossmühlestrasse 9, 052 722 45 49
- Stein am Rhein, River Bike, Rathausplatz 15, 052 741 55 41

E-Velo
- Flyer Vermietstationen (Ausleihe und Akkuwechsel)
- Winterthur, Bahnhof SBB, Rent a Bike, 051 223 02 91
- Frauenfeld, Hotel Hirt im Rhyhof, 052 728 93 00
- Stein am Rhein, Bahnhof SBB, Rent a Bike, 051 226 84 62

Streckenprofil

Tipp
Prospekt zur Tour bei Winterthur Tourismus am HB Winterthur erhältlich.

Der zweite Teil der Kulturroute ist geprägt vom Rhein, der mal geruhsam fliesst und sich zum Baden eignet, mal beeindruckend wild wird beim Rheinfall. Kulturgenuss bieten Städtchen und Dörfer entlang der Route.

14
Nordostschweizer Kultur
Etappe 2: Stein am Rhein–Winterthur

mittel • Kultur

Wegbeschreibung
1) Route 2 bis Schaffhausen. **2)** Von der Schiffstation Schaffhausen ein Abstecher in die Altstadt, danach weiter auf der Route 2 bis Teufen. **3)** Route 53 bis Winterthur-Töss. **4)** Auf der Route 45 zurück zum Bahnhof Winterthur.

Berg am Irchel
Der kurze Anstieg vom Flaachtal zum beschaulichen Weinland-Dorf Berg am Irchel lohnt sich: Riegelbauten, geschmiedete Schilder und gepflegte Bauerngärten – ein intaktes Dorf inmitten von Wiesen und Weinbergen.

Winterthur
Die sechstgrösste Stadt der Schweiz ist bekannt für eine geschichtsträchtige Industriekultur, Kunstsammlungen von Weltruf, aber auch für ein pulsierendes Zentrum, in dem immer etwas läuft.

Mit dem E-Bike sind die Höhenunterschiede kaum zu spüren, ohne muss ab und zu – wenn auch nur kurz – kräftig in die Pedale getreten werden.

Schaffhausen

Wer kennt sie nicht, die wunderschöne Altstadt am Rhein mit ihrem Wahrzeichen, der Festung namens Munot, die bereits seit 400 Jahren über der Stadt thront. Ein kultureller Besuch lohnt sich genauso wie gemütliches Flanieren in der Altstadt oder ein kühles Bad im grössten und ältesten Kastenbad der Schweiz, der Rhybadi.

Rheinfall

Imposant und immer wieder anders – je nach Jahreszeit und Wasserstand variiert das Erscheinungsbild des Wasserfalls.

Thurauen

Nachdem die Thur über weite Strecken kanalisiert verlaufen ist, erhält sie vor der Einmündung in den Rhein mehr Freiheit. Die Thurauen lassen sich zu Fuss entdecken. Wissenswertes gibt es auch im Naturzentrum in Flaach oder auf dem Biberpfad zwischen Tössegg und Rüdlingen zu erfahren.

Streckeninformation
Von Stein am Rhein–Schaffhausen–Winterthur
Länge: 67 km
Höhenmeter: ca. 400
Verkehr: Verkehrsarme Nebenstrassen. Ca. 2 km am Rhein auf Flurweg. Die Tour ist durchgehend signalisiert.

Anbindung an ÖV
Winterthur: verschiedene S-Bahnen, Fernverkehr
Schaffhausen: Regional- und Schnellzüge, Schiff
Stein am Rhein: Regionalzüge, Schiff

Anbindung an Veloland
Winterthur: Routen 5, 45, 53, 86
Schaffhausen: Routen 2, 26, 86
Stein am Rhein: Route 2, Bodensee-Radweg

Verpflegung
- Schaffhausen, Wirtschaft zum Frieden, Herrenacker 11, 052 625 47 67
- Schloss Laufen beim Rheinfall, gepflegtes Restaurant und Selbstbedienungs-Snack, 052 659 67 67
- Rheinau, Wirtshaus zum Buck, Buckstrasse 1, 052 319 12 68, schönes Gartenrestaurant
- Berg am Irchel, Restaurant zur Trotte, Dorfstrasse 2, 052 318 11 32, eigene Kelterei und Brennerei

Picknick
- Bibermühli, zwischen Stein am Rhein und Gailingen
- Am Rhein kurz nach Rheinau

Ausflugsziele
Museum zu Allerheiligen
Schaffhausen: Kunst, Geschichte und Naturkunde – alles unter einem Dach, Klosterstrasse, 052 633 07 77.
www.allerheiligen.ch
Rheinfall und Schloss Laufen
Historama, Belvedereweg und Panoramalift, Jugendherberge.
www.schlosslaufen.ch, www.rheinfall.ch
Klosterinsel Rheinau
Für BesucherInnen geöffnet, Führungen auf Anmeldung.
www.klosterkircherheinau.ch
Naturmuseum Winterthur
Mit Kinder- und Familienmuseum, Museumsstrasse 52, 052 267 51 66.
www.natur.winterthur.ch
Bademöglichkeiten
- Gailingen, Rheinuferpark
- Schaffhausen, Rhybadi, 052 625 19 90
www.badi-info.ch

Velofachgeschäfte
- Schaffhausen, Pedale GmbH, Rheinstrasse 30, 052 620 27 17
- Flaach, Velo Glauser GmbH, Andelfingerstrasse 7, 052 318 15 36

Flyer-E-Bike-Stationen
- Schaffhausen, Miete und Akkuwechsel: Bahnhof SBB, Rent a Bike, 051 223 42 17
- Flaach, Camping Steubisallmend, Steubisallmend 761, 052 318 14 13
- Winterthur, Bahnhof SBB, Rent a bike, 051 223 02 91

Tipp
Ein Abstecher in die renaturierten Thurauen bei der Brücke über die Thur lohnt sich.

Streckenprofil

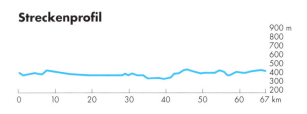

Von einer Stadt zur anderen – nicht auf direktem Weg, sondern von Dorf zu Dorf, von Weiler zu Weiler, von Bauernhof zu Bauernhof. Mit Thur, Husemersee und Rhein als Fixpunkten.

15
Winterthur–Schaffhausen
Über Land zu stillen und wilden Wassern

mittel • Baden

Wegbeschreibung
Die Tour ist ab Winterthur fast durchgehend markiert (Routen 45, 95 und 26). **1›** Vom Bahnhof über die Stadthausstrasse stadtauswärts fahren, gleich nach dem Stadthaus links in die Route 45 (durch den Stadthauspark) einbiegen. Bis Altikon auf der Route 45 bleiben. **2›** Auf Route 95 wechseln. **3›** In Gütighausen über die Thurbrücke, dann links Richtung Ossingen halten und auf der Route 26 Richtung Schaffhausen fahren. **4›** Beim Parkplatz «Seehof» Abstecher zum Husemersee und danach weiter auf der Route 26 bis nach Schaffhausen.

Variante
Der Thur entlang bis zum Asperhof auf dem Damm fahren.

Weinbaudörfer
Riegelhäuser und markante Kirchtürme – das sind die Markenzeichen der Dörfer im Zürcher Weinland. Ossingen, Trüllikon, Benken und Rudolfingen laden alle ein zu einer kleinen Dorfrundfahrt – und evtl. zu einer Weindegustation.

Altstadt Schaffhausen
Das Wahrzeichen von Schaffhausen, die Festung Munot aus dem 16. Jahrhundert, thront über dem Rhein und der mittelalterlichen Stadt mit ihren über 170 Erkern, den malerischen Hausfassaden und vielen Brunnen, den autofreien Gassen und belebten Plätzen.

Wahrlich eine Fahrt «über Land»: Korn-, Mais- und Rapsfelder säumen den Weg, und aus der Ferne grüssen erhaben die Rebberge.

A

Mörsburg

Schon von Weitem ist sie sichtbar, die majestätisch auf dem Stadlerberg thronende Mörsburg, die erstmals 1241 als Besitz der Grafen von Kyburg erwähnt wird. Heute beherbergt sie ein Museum und bietet einen wunderbaren Ausblick.

Thurlandschaft

Die Thur kann ruhig daliegen oder wild daherbrausen, mal führt sie viel Wasser, mal wenig. Bei der Fahrt auf dem Damm lässt sich das im revitalisierten Flusslauf besonders gut beobachten.

Husemersee

Einen schöneren Picknick- und Badeplatz gibt es wohl kaum: Am stillen Wasser sitzend, leicht versteckt in einer Lücke des mystisch anmutenden Schilfgürtels, fühlt man sich fast allein auf dieser Welt.

Streckeninformation
Von Winterthur nach Schaffhausen
Länge: 37 km
Höhenmeter im Aufstieg: ca. 320
Verkehr: Nebenstrassen mit wenig Verkehr, ca. 4 km Flurwege

Anbindung an ÖV
Winterthur: Regional- und Schnellzüge
Ossingen: S29
Dachsen: S33
Schloss Laufen: S33
Schaffhausen: Regional- und Schnellzüge, Schiff

Anbindung an Veloland
Winterthur: Routen 5, 53, 86
Oberwinterthur: Route 60
Schaffhausen: Routen 2, 77, 82, Rheintal-Radweg

Verpflegung
- Mörsburg, Wirtschaft zur Schlosshalde, 052 202 66 77, altehrwürdiges Restaurant mit schöner Aussicht
- Bei Gütighausen, Schürlibeiz Asperhof, 052 336 25 96, mit grossem Kinderspielplatz, www.asperhof.ch
- Trüllikon, Landhotel Hirschen, Diessenhoferstrasse 23, 052 319 13 17
- Laufen, Restaurant Schloss Laufen, 052 659 67 67, und Snack Bistro (Selbstbedienung)

Picknick
- An der Thur, beim Asperhof
- Am Husemersee

Ausflugsziele
Technorama Alles zum Anfassen im einzigen Science-Center der Schweiz, in Oberwinterthur.
www.technorama.ch
Mörsburg Museum für Wohnkultur des 17. und 18. Jahrhunderts sowie Waffen- und Glassammlung.
www.museum-lindengut.ch
Schloss Laufen, Rheinfall
Belvedere-Weg, Historama, Panoramalift, Aussichtsplattform, Jugendherberge.
www.schlosslaufen.ch
Hallen für neue Kunst, Schaffhausen Hauptwerke der Sechziger- und Siebzigerjahre von international führenden Künstlern.
www.modern-art.ch

Bademöglichkeiten
- An der Thur, beim Asperhof
- Husemersee
- Dachsen, Rhein- u. Freibad Bachdelle
- Schaffhausen, Rhybadi
www.badi-info.ch

Velofachgeschäfte
- Oberwinterthur, E. Schwaller AG, Römerstrasse 197, 052 242 51 51
- Gütighausen, Niefi Motos Velos, beim Schulhaus 10, 052 336 18 68
- Schaffhausen, Pedale GmbH, Rheinstrasse 30, 052 620 27 17

Streckenprofil

Tipp
Klein, aber fein: Der Zeltplatz Gütighausen direkt an der Thur.

Das Wasser begleitet uns – es grüsst aus der Glatt und dem Naturschutzzentrum Neeracherried, lädt uns ein zum Baden in Hohentengen und hat seinen grossen Auftritt im Kraftwerk Eglisau.

16
Glatt-Rhein-Tour
Eine internationale Velotour

leicht • Kultur

Kraftwerk Eglisau

Vor 90 Jahren hat diese Anlage fast 10 Prozent des gesamten Energiebedarfs der Schweiz abgedeckt – heute sind es gerade einmal noch 3 Promille!

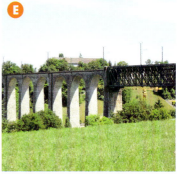

Eisenbahnviadukt

Die über hundertjährige, eingleisige Eisenbahnbrücke kostete dazumal 1 Million Franken, ist über 400 m lang und führt 50 m über dem Rhein in die Stadt Eglisau, das Ziel unserer Velotour.

Nichts geht über ein Bad im Fluss: Flussaufwärts laufen und sich im Wasser zurücktreiben lassen – das ist Entspannung!

Neeracherried
Im Zürcher Unterland liegt eines der letzten grossen Flachmoore der Schweiz. Von den Beobachtungshütten des Naturschutzzentrums aus hat man einen schönen Blick auf das Schutzgebiet und kann Reiher oder Eisvögel aus der Nähe beobachten. Der Steg beim Haus ist immer zugänglich.

Kaiserstuhl
Das mittelalterliche Städtchen mit seinen alten Häusern und Gassen ist ein Kleinod. Von hier aus starten auch Rundfahrten auf dem Rhein.

Skulpturenweg
Zwischen Hohentengen und dem Kraftwerk Eglisau befindet sich seit 2000 der grenzüberschreitende Skulpturenweg. Eingebettet in die Flusslandschaft werden die Werke verschiedener Kunstschaffenden präsentiert.

Wegbeschreibung
1› Bahnhof Bülach entlang der Gleise verlassen. Nach ca. 100 m rechts abbiegen auf Route 60. **2.** Vor der Glattbrücke links, auf der Route 29/60 Richtung Höri. **3›** Weiter auf der Route 60 Richtung Steinmaur fahren. **4›** Vor Steinmaur rechts Richtung Neerach. **5›** In Stadel den Wegweisern nach Kaiserstuhl folgen. **6›** Auf dem Radweg Richtung Weiach. **7›** In Weiach nach links auf der Route 2 nach Kaiserstuhl. **8›** Beim Bahnhof der Beschilderung nach Deutschland folgen. **9›** Rechts auf dem Rheintal-Radweg nach Hohentengen. **10›** Geradeaus nach Herdern (deutsche Radroute Richtung Rheinsfelden). **11›** Beim Brunnen 50 m nach der Kapelle links Richtung Rheinsfelden zum Kraftwerk. **12›** Ab der Orientierungstafel Veloland: Route 2 bis Eglisau.

Variante
Auf der Route 29 der Glatt entlang zurück nach Bülach.

Streckeninformation
Von Bülach bis Eglisau
Länge: ca. 26 km
Höhenmeter im Aufstieg: ca. 200
Verkehr: Verkehrsarme Nebenstrassen, kurzer Abschnitt auf Flurweg.

Anbindung an ÖV
Bülach: S5, S22, S41, IR
Eglisau: S5, S22, S41

Anbindung an Veloland
Bülach: Routen 60, 29
Eglisau: Route 2
Höri: Route 29

Verpflegung
- Höri, Velobeizli, Weingartenstrasse 8, 044 860 66 49, www.velobeizli.ch, beliebter Treff mit feinen Snacks
- Neerach, Café Hof Art, Riblistrasse 2, 043 433 09 03, www.hofart.ch, Bio-Brot und vieles mehr
- Weiach, Caffè Bar Chamäleon, Büelstrasse 18, 044 858 01 53, www.caffe-bar-chamaeleon.ch, hier gibt es Vivi Cola und einen schönen Kinderspielplatz
- Zweidlen, Restaurant Landgasthof Fähre, Rheinsfelderstrasse 47, 043 422 57 30, www.faehrezweidlen.ch, schöner Garten mit Kastanienbäumen

Picknick
- Beim Besucherzentrum Neeracherried
- Rheinsfelden, auf der deutschen Seite des Kraftwerks

Ausflugsziele
Neeracherried Grosses Flachmoorgebiet mit einer Fläche von gut 100 ha. Mit Besucherzentrum, Beobachtungshütten und Stegen.
www.neeracherried.ch
Kaiserstuhl Wandern am Wasser, Wassersport, Führungen im Städtli.
www.kaiserstuhl.ch
Schwimmbad Hohentengen
Direkt neben dem Rhein gelegenes Schwimmbad mit Rutschbahn, +49 (0) 7742 18 41.
www.hohentengen.de
Kraftwerk Eglisau
Steht unter Denkmalschutz. Der Veloweg führt durch das Kraftwerk. Unten am Rhein trifft man wieder auf den Skulpturenweg.
Bademöglichkeiten
- Schwimmbad Glattfelden
www.badi-info.ch

Velofachgeschäfte
- Bülach, Jürg Birrer, Hertiweg 19, 044 860 47 03
- Eglisau, Velos/Radsport Paul Hebeisen, Zürcherstrasse 17, 044 867 19 40

Streckenprofil

Tipp
10 Skulpturen stehen entlang der Grenze zwischen Kaiserstuhl und Hohentengen.

Hinunter ans Wasser, zwischen Reben hindurch, an Schlössern vorbei – nicht der direkte, aber ein schöner Weg nach Winterthur. Das Bad an der Tössegg erfrischt vor dem einzigen Aufstieg der Tour.

17
Tösseggtour
Wo Töss und Rhein sich finden

mittel • Natur

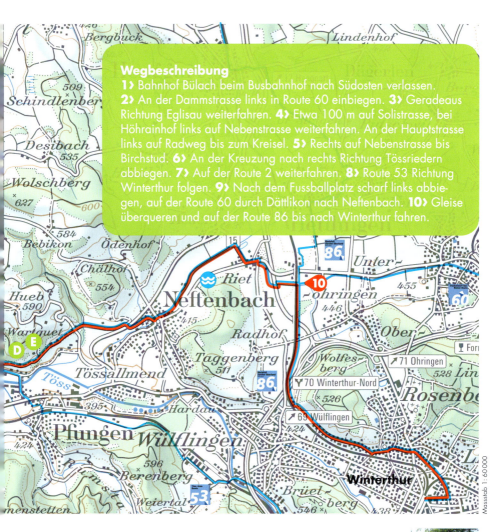

Wegbeschreibung
1› Bahnhof Bülach beim Busbahnhof nach Südosten verlassen.
2› An der Dammstrasse links in Route 60 einbiegen. **3›** Geradeaus Richtung Eglisau weiterfahren. **4›** Etwa 100 m auf Solistrasse, bei Höhrainhof links auf Nebenstrasse weiterfahren. An der Hauptstrasse links auf Radweg bis zum Kreisel. **5›** Rechts auf Nebenstrasse bis Birchstud. **6›** An der Kreuzung nach rechts Richtung Tössriedern abbiegen. **7›** Auf der Route 2 weiterfahren. **8›** Route 53 Richtung Winterthur folgen. **9›** Nach dem Fussballplatz scharf links abbiegen, auf der Route 60 durch Dättlikon nach Neftenbach. **10›** Gleise überqueren und auf der Route 86 bis nach Winterthur fahren.

im unteren Tösstal ist nach Stäfa
meinde im Kanton Zürich,
einen sehr guten Namen haben.

befindet.   Burgsteine für den Bau einer
owie die   Brücke über die Töss verwendet.
n besichtigt   Seit 1976 steht die Ruine unter
               Denkmalschutz.

Teich bei Dättlikon
Im Frühsommer ist in der Umgebung dieses kleinen Weihers ein ohrenbetäubendes Konzert der quakenden Frösche zu hören.

Schloss Wart
«Neuschwanstein» in Neftenbach. Dieses neugotische Schloss wurde um 1890 an der Stelle einer ehemaligen Burg gebaut, wo um 1300 die Brüder Wart lebten.

tein
r 1250
e wegen ei-
esgeschichte
n zudem die

Massstab 1 : 60'000

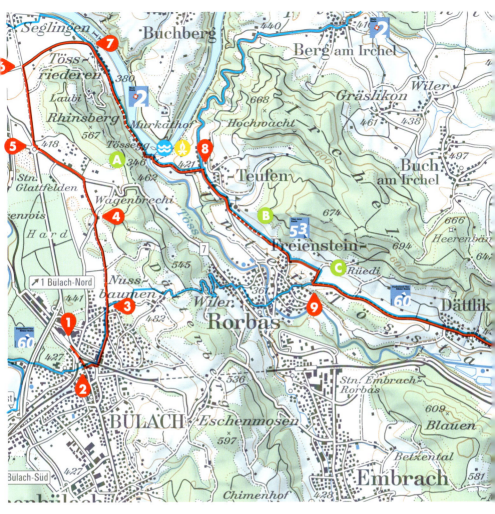

Tössegg
Nach Tössriedern führt ein schöner Radweg zum Rhein hinunter. Über eine kleine Brücke gelangt man zur Picknickstelle an der Tössegg zum Grillieren und Baden.

Schloss Teufen
Die Anlage umfasst ein altes Schloss mit Schlossgärtnerei und Weingut sowie das neue Schloss, welches lange nur als Geräteschuppen diente und sich

Freienstein-Te
die grösste R
deren Weine

heute in Privatbe
Der Rebbaubetr
Gartenanlage k
werden.

Burgruine Fre
Die Burg aus de
wurde laut einer
ner unglücklicher
zerstört. 1806 w

Streckeninformation
Von Bülach nach Winterthur
Länge: ca. 28 km
Höhenmeter im Aufstieg: ca. 230
Verkehr: Verkehrsarme Nebenstrassen, zum Teil schöne Flurwege am Rhein und am Irchelhang.

Anbindung an ÖV
Bülach: S5, S22, S41, IR
Winterthur: S-Bahnen und Schnellzüge

Anbindung an Veloland
Anbindung Veloland:
Bülach: Route 60, 29
Teufen: Route 2
Winterthur: Routen 5, 45, 53, 86

Verpflegung
• Tössegg, Restaurant Tössegg, 044 865 01 88
• Teufen, Wirtshus zum Wyberg, Oberteufenerstrasse 1, 044 865 49 72
• Dättlikon, Restaurant Traube, Unterdorf 9, 052 052 315 65 05
• Neftenbach, Restaurant Rebe, Mitteldorfweg 3, 052 315 64 04
• Winterthur, Santa Lucia, Bahnhofplatz 12, 052 213 54 44, schnelle, leckere Pizzas, wenn auf den Zug gewartet werden muss
Picknick
• Tössegg (Badestelle)

Ausflugsziele
Tössegg Mündung der Töss in den Rhein, mit schönem Badeplatz.
WWF-Biberpfad zwischen Tössegg und Rüdlingen (Start/Ziel jeweils bei Schiffstegen).
www.wwf-zh.ch
Rheinschifffahrten Schiffe in Richtung Eglisau oder Rheinfall.
Züri – Rhy – Schifffahrtsgesellschaft AG, 044 865 62 62
www.szr.ch
Ernst Mändli AG, 052 659 69 00
www.schiffmändli.ch
Altes Schloss Teufen Weingut Schloss Teufen, Schlosskeller und -hof, 044 865 43 73. Das Neue Schloss Teufen ist heute in Privatbesitz.
Schloss-Gärtnerei Biologische Pflanzenspezialitäten, 043 444 11 60
www.schloss-gaertnerei.ch
Bademöglichkeiten
• Im Rhein an der Tössegg
• Schwimmbad Neftenbach, Seuzachstrasse, 052 315 17 50
www.badi-info.ch

Velofachgeschäfte
• Bülach, Jürg Birrer, Hertistrasse 19, 044 860 47 03
• Winterthur, Arnos kleine Velowerkstatt Schaffhauserstrasse 71, 052 212 11 55

Streckenprofil

Tipp
Von der Tössegg dem Biberpfad folgen und sich im Fluss zurücktreiben lassen.

Schöne Ausblicke Richtung Unterland, Weinland und Rhein sind nicht nur vom Irchelturm aus, sondern auf der ganzen Rundfahrt möglich. Eine geruhsame Tour mit einer Variante für Mountainbiker.

18
Rund um den Irchel
Abstecher mit Aussicht

mittel • Natur

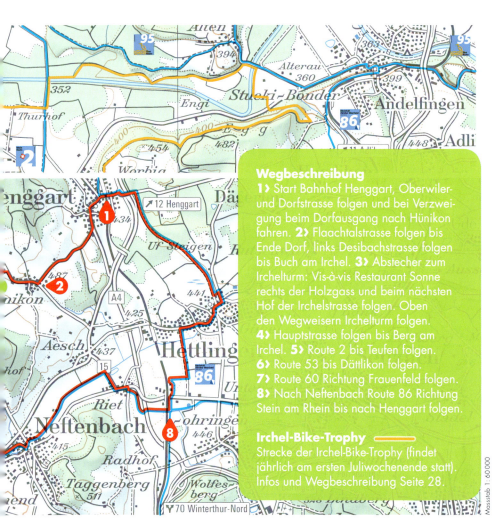

Wegbeschreibung

1› Start Bahnhof Henggart, Oberwiler- und Dorfstrasse folgen und bei Verzweigung beim Dorfausgang nach Hünikon fahren. **2›** Flaachtalstrasse folgen bis Ende Dorf, links Desibachstrasse folgen bis Buch am Irchel. **3›** Abstecher zum Ircheltrum: Vis-à-vis Restaurant Sonne rechts der Holzgass und beim nächsten Hof der Irchelstrasse folgen. Oben den Wegweisern Ircheltrum folgen. **4›** Hauptstrasse folgen bis Berg am Irchel. **5›** Route 2 bis Teufen folgen. **6›** Route 53 bis Dättlikon folgen. **7›** Route 60 Richtung Frauenfeld folgen. **8›** Nach Neftenbach Route 86 Richtung Stein am Rhein bis nach Henggart folgen.

Irchel-Bike-Trophy

Strecke der Irchel-Bike-Trophy (findet jährlich am ersten Juliwochenende statt). Infos und Wegbeschreibung Seite 28.

Eine Tour mit interessanten Kombinationsmöglichkeiten: biken im Wald, velofahren auf der Strasse, wandern auf dem Biberpfad am Rhein oder geniessen bei einer Schifffahrt.

Rhein zwischen Thur und Töss

Hoch über dem Rhein führt die Route hier in Kurven durch den Wald. Beim Picknickplatz ungefähr 50 Meter von der Strasse weg hat man einen spektakulären Blick auf den Fluss.

Rebberge

Die Weinstöcke schmiegen sich an die Südflanke des Irchels und profitieren von der Sonnenlage. Die Veloland-Route folgt auf kleinen Strassen den Höhenkurven entlang den Rebbergen.

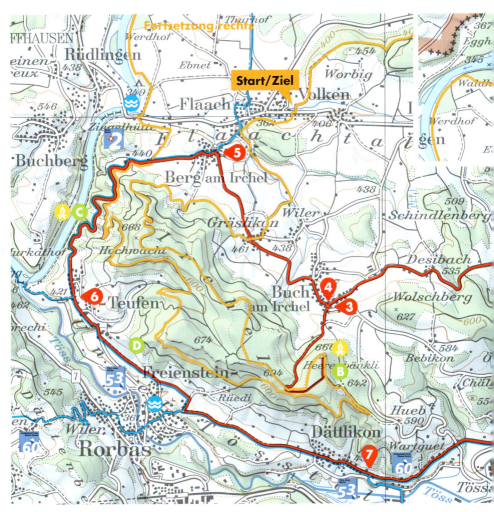

Dörferlandschaft
In dieser hügeligen Landschaft mit beschaulichen Dörfern und Weilern, verbunden durch kleine Strassen, welche sich durch Wiesen schlängeln, herrscht Ruhe pur.

Irchelturm
Der Turm wurde 1983 durch die Gemeinde Buch am Irchel und die EKZ gebaut. Steigt man auf den 28 m hohen Turm, überblickt man das Unterland und das Weinland.

Streckeninformation
Rundfahrt von Henggart um den Irchel herum
Länge: 38 km
Höhenmeter im Aufstieg: ca. 245
Verkehr: Asphaltierte Nebenstrassen und Velowege mit wenig Verkehr. Die Waldstrasse zum Irchelturm ist eine Flurstrasse.

Die Variante «Irchel-Bike-Trophy» ist eine Mountainbike-Strecke von 44 km Länge, mehrheitlich auf nichtasphaltierten Wegen.

Anbindung an ÖV
Henggart: S33

Anbindung an Veloland
Henggart: Veloland Route 86
Flaach: Veloland Route 2
Teufen: Veloland Route 2
Freienstein: Veloland Route 60

Verpflegung
• Buch am Irchel, Restaurant Sonne, Hauptstrasse 12, 052 318 11 67
• Teufen, Wirtshus zum Wyberg, Oberteufenstrasse 1, 044 865 49 72
• Dättlikon, Bungerthof, Besenbeiz und Lädeli, Ausserdorf 22, 052 315 37 03, an der Veloroute

Picknick
• Beim Irchelturm
• Vor Teufen mit Blick auf den Rhein

Ausflugsziele
Naturzentrum Thurauen
Neu eröffnete, interaktive Ausstellung zur grössten Auenlandschaft des Mittellandes. Restaurant mit Terrasse mit Rheinblick.
www.naturzentrumthurauen.ch
WWF-Biberpfad
Zwischen Tössegg und Rüdlingen (Start/Ziel jeweils bei den Schiffstegen).
www.wwf-zh.ch
Weinbaumuseum Neftenbach
Wartgutstrasse/Hubstrasse,
052 315 22 50.
www.museum-neftenbach.ch
Bademöglichkeiten:
• Schwimmbad Rorbas-Freienstein, Tannholzstrasse, 044 865 04 54
• Schwimmbad auf dem Campingplatz Flaach, am Rhein bei der Einmündung der Thur, 052 318 14 13

Velofachgeschäfte
• Henggart, Veloservice Dynamoo, Oberwilerstrasse 5, 052 316 44 20
• Neftenbach, Waser Daniel Alte Schaffhauserstrasse 8, 052 315 18 77
• Flaach, Velo Glauser, Andelfingerstrasse 7, 052 318 15 36

Streckenprofil

Tipp
Im Juli an der Irchel-Bike-Trophy teilnehmen.
www.irchelbiketrophy.ch

In Winterthur ist die Natur nie weit weg. Die Tour führt auf einer abwechslungsreichen Route einmal rund um die Stadt herum. Im Auf und Ab durch die umliegenden Dörfer gibt es viel Neues zu entdecken.

19
Wintertour
In Stadtnähe und trotzdem im Grünen

anspruchsvoll • Kultur

C

Mörsburg

Sie wird 1241 erstmals als Besitz der Grafen von Kyburg erwähnt. Heute ist darin ein Museum zur mittelalterlichen Geschichte der Burg untergebracht. Historisch ist auch die benachbarte Wirtschaft zur Schlosshalde. Im Ritterkeller kann man eine mittelalterliche Tafel erleben.

D

Unterwegs

Der Abschnitt zwischen Mörsburg und Welsikon ist zwar kurz, gehört aber zu den schönsten der ganzen Tour.

E

Schlösschen Wart

Dieser erstaunliche, an Neuschwanstein erinnernde Prachtbau liegt inmitten der Rebberge. Das Schloss wurde 1889 im neugotischen Stil anstelle der älteren Burg erbaut und ist leider nicht öffentlich zugänglich.

Kühe, Schafe und viele Pferde waren zu erwarten. Aber der zottige Alfons, das schottische Hochlandrind mit seinen langen Hörnern, hat dann doch etwas überrascht.

A

Schloss Kyburg
Nach einem kurzen, aber heftigen Aufstieg lockt die Kyburg mit ihrem Museum und mit Geschichten aus den letzten 1000 Jahren. Vom Spielplatz bis zur eisernen Jungfrau gibt es für kleine und grosse Entdecker viel zu sehen, und man vergisst schnell die Zeit.

B

Kohlenloch Kollbrunn
Bis nach dem Ersten Weltkrieg wurde hier Braunkohle zu Heizzwecken abgebaut. Heute lohnt sich das nicht mehr, zurückgeblieben ist dafür ein 38 Meter langer, frei zugänglicher Bubentraum. Vor dem Stollen hat es eine schöne Feuerstelle. Das Kohlenloch liegt auf der anderen Seite der Bahnlinie, 500 m Richtung Winterthur, vis-à-vis des alten Hochkamins, rechts oben im Wald.

Wegbeschreibung
1› Ab Bahnhof Winterthur auf der Route 5 Richtung Zürich. **2›** Schräg links auf der Route 53 (Tösstal) weiterfahren. **3›** Geradeaus Richtung Elgg, nach 500 m links nach Iberg abbiegen, vor dem Anstieg rechts auf Flurweg Richtung Chlösterli. **4›** Rechts in die Elsauerstrasse. In Elsau geradeaus auf der Dorfstrasse weiter. Beim Ponyhof schräg links abbiegen. **5›** Dem Wegweiser Richtung Attikon folgen. **6›** Hinter der Bahnüberquerung links, nach ca. 700 m rechts bergauf (Mörsburg) nach Welsikon. **7›** Richtung Hettlingen. **8›** Ab Hettlingen auf der Route 86. **9›** Auf der Route 60 nach Dättlikon, dann auf der Route 53 bis Pfungen. **10›** Nach der Unterführung Route 53 verlassen. Durchs Dorf bergauf zum Schwimmbad/Rumstal. **11›** Richtung Zürich über Dättnau nach Töss und Winterthur.

Variante
Steil zur Kyburg hinauf, und hinten rasant nach Kollbrunn hinunter.

Streckeninformation
Rundtour um Winterthur
Länge: 51 km
Höhenmeter im Aufstieg: ca. 530 (ca. 790 m Variante Kyburg)
Verkehr: Verkehrsarme Nebenstrassen oder Radwege, ca. 5 km Flurweg.

Anbindung an ÖV
Winterthur: Intercity, S-Bahn
Kollbrunn: S26
Hettlingen: S33
Pfungen: S41

Anbindung an Veloland
Winterthur: 5, 45, 53, 86
Kollbrunn: 5, 53, 86
Wiesendangen: 60
Pfungen: 53, 60

Verpflegung
- Kollbrunn, Restaurant Frohsinn, Dorfstrasse 3, 052 383 11 90
- Elsau, Hotel-Restaurant Sternen, Sankt Gallerstrasse 72, 052 363 19 13
- Wiesendangen, Restaurant Löwen, Dorfstrasse 49, 052 337 11 27, hervorragende Cordon Bleus
- Hettlingen, Restaurant Hirschen, Schaffhauserstrasse 14, 052 316 13 70
- Dättlikon, Bungerthof mit Besenbeiz, Hofladen und Kulturschüür, 052 315 37 03, www.pomus.ch

Picknick
- Grillplätze an der Töss

Ausflugsziele
Schloss Kyburg Geschichte erleben kann man im Schlossmuseum.
www.schlosskyburg.ch
Mörsburg Burg des Grafen von Kyburg mit frühgotischer Kapelle.
www.museum-lindengut.ch/moersburg
Schlösschen Wart Direkt an der Route gleich neben dem Weinbaumuseum.
www.museum-neftenbach.ch
Badi Wiesendangen Wunderschön auf dem Hügel gelegen.
www.wiesendangen.ch
Kulturort Galileo Weiertal mit Skulpturengarten.
www.galerieweiertal.ch
Bademöglichkeiten
- Hettlingen, Schwimmbad
www.badi-info.ch

Velofachgeschäfte
- Kollbrunn, Morof 2-Rad Sport, Dorfstrasse 9, 052 383 11 42
- Elsau, Salvadori Cicli, St. Gallerstrasse 107, 052 363 22 77
- Wiesendangen, Chollet René, Schulstrasse 39, 052 337 20 30
- Pfungen, Rolis Bike Station Hoffmann, Riedäckerstrasse 2 (Bahnhof), 052 315 60 40

Streckenprofil

Tipp
Bungerthof in Dättlikon: Kulturschüür, Besenbeiz, Hofladen und Spielplatz.

Diese Tour lädt zum Baden an schönen Sommertagen. Die vielen Möglichkeiten lassen einen kaum trocken werden. Mit dem 669 Meter hohen Rüetschberg bezwingt man einen richtigen kleinen Pass mit Spitzkehren.

20
Bichelsee
Winterthurs fehlender See und Pass

mittel • Baden

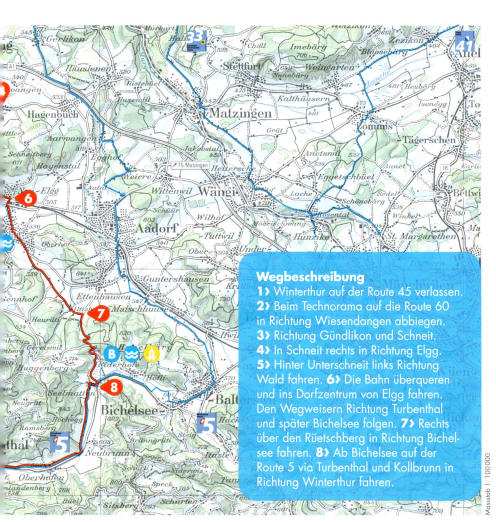

Wegbeschreibung

1 › Winterthur auf der Route 45 verlassen. **2 ›** Beim Technorama auf die Route 60 in Richtung Wiesendangen abbiegen. **3 ›** Richtung Gündlikon und Schneit. **4 ›** In Schneit rechts in Richtung Elgg. **5 ›** Hinter Unterschneit links Richtung Wald fahren. **6 ›** Die Bahn überqueren und ins Dorfzentrum von Elgg fahren. Den Wegweisern Richtung Turbenthal und später Bichelsee folgen. **7 ›** Rechts über den Rüetschberg in Richtung Bichelsee fahren. **8 ›** Ab Bichelsee auf der Route 5 via Turbenthal und Kollbrunn in Richtung Winterthur fahren.

Wer nicht genug hat vom Velofahren, absolviert bei Kollbrunn noch den Bikeparcours Dettenried – kurzer Aufstieg und rasante Waldabfahrt inklusive.

seegletschers
Eis ist seither
t einen Moor-
der sich aus-
wärmt und
en. Ein grosser
Ufers ist von
gesäumt und
tz.

er die Töss
r änderte die
ch Wasser-
weshalb es

nur wenige feste Brücken gab. Als Fussgängerverbindungen dienten Schwemmstege, die vom Hochwasser mitgeschwemmt und später einfach wieder zurückgedreht werden konnten.

Aquädukt bei Kollbrunn

Eine der spektakulärsten Industrieanlagen von 1830 liegt in Kollbrunn. Eine fast 2 m dicke, genietete Druckleitung versorgte früher die Fabriken mit Wasserkraft für die Spinn- und Webmaschinen.

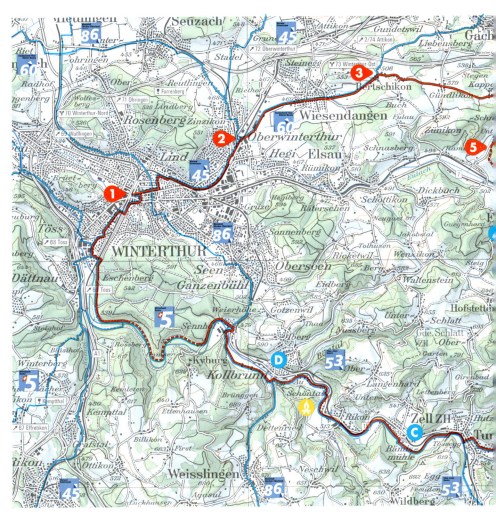

Badi Elgg

Hinter dem Holzverschlag findet sich ein modernes kleines Schwimmbad mit Rutschbahnen, Sprungturm und natürlich Spielplatz. Mit seinen alten Garderoben bleibt es eines der originellsten Bäder im Kanton.

Strandbad Bichelsee

Der Bichelsee liegt auf der Grenze zum Thurgau in einem lieblichen Tal, das in der letzten Eiszeit am

Südrand des Bo entstanden ist. D geschmolzen ur see zurückgelas gesprochen ras herrlich ist zum Teil des malerisc Schilf und Teich steht unter Natu

Schwemmste

Vor der Flussko Töss ihren Lauf stand immer wi

Streckeninformation
Rundtour ab Winterthur
Länge: 44 km
Höhenmeter im Aufstieg: ca. 390
Verkehr: Meist verkehrsarme Nebenstrassen oder Radwege. Zwischen Wiesendangen und Elgg hat es am Feierabend Verkehr.

Anbindung an ÖV
Winterthur: Intercity, S-Bahnen
Turbenthal: S26, Bus 625 zum Bichelsee
Elgg: S11, S35

Anbindung an Veloland
Winterthur: 5, 45, 53, 86
Turbenthal: 5, 53
Berschikon: 60

Verpflegung
• Bertschikon, Restaurant Sagi, Wiesendangerstrasse 15, 052 337 23 19, eigene Metzgerei und Räucherei, Erlebniskochen, www.sagi.li
• Elgg, Schneckenfarm, Riethof 1, 052 364 17 60, www.schneckenfarm.ch
• Bichelsee, Strandbad (immer offen) mit Kiosk (bei schönem Wetter offen), 052 385 12 42
• Turbenthal, Cafe Ehriker Beck, Tösstalstrasse 87, 052 385 57 58, feine Coupes

Picknick
• Strandbad Bichelsee
• Schöntal (Rikon), Kiosk mit Picknick- und Abenteuerspielplatz, 052 383 21 57

Ausflugsziele
Badi Elgg Schwimmbadstrasse, 052 364 26 13. Etwas ausserhalb des Dorfes gelegen.
www.badi-info.ch
Strandbad Bichelsee Seelmatten, 8488 Turbenthal, 052 385 12 42. Baden im See oder im Becken, für Hartgesottene ganzjährig geöffnet.
www.badi-info.ch
Wasserlehrpfad Töss Auf 48 Informationstafeln entlang der Töss werden geologische Formationen, Wasserkraft und Trinkwassergewinnung erklärt.
www.zürioberland.ch

Velofachgeschäfte
• Elgg, Velo Kägi, Vordergasse 16, 052 364 17 15
• Turbenthal, Benis Velo- u. Sport-Shop, Girenbadstrasse 1, 052 385 35 35 www.benisvelo.ch
• Turbenthal, Nüssli Radsport, St. Gallerstrasse 37, 052 383 22 66
• Rikon, Gratis-Veloflicki, immer offen, mit einem Sammelsurium von Ersatzteilen, beim Winterquartier des Circolino Pipistrello, 052 383 21 57

Streckenprofil

Tipp
Der Bichelsee ist ganzjährig zugänglich – warum nicht ein Herbstbad?

200 Jahre Industriegeschichte sind entlang von Eulach und Töss erfahrbar. Altes und Neues, Bekanntes und Unbekanntes wird auf der signalisierten Tour zwischen Hegi und Hard vermittelt.

21
Industrieveloweg
Winterthurer Industrieareale

leicht • Kultur

...ung
hnhof Oberwinterthur: Südliche Un-
...eldstr., Schlossschürstr. bis Mettlenstr.
... bis Hegifeldstr., wieder durch die
... Der Bahn entlang bis Fussgängerun-
g. **4〉** Nach der Unterführung Pflanz-
...s Sidi-Areal. **5〉** Rechts durch die
...enstr. Weiter auf Stadtfallenweg über
... zur Wildbachstr. **6〉** Rechts durch die
...kierter Route bis über die Wyland-
brücke (über die Gleise). **7〉** Links, dann rechts in Jägerstr. und links in Agnesstr. **8〉** Rechts in die Einfangstr., dann schräg links via Rieterstr. zur Tössbrücke. **9〉** Parallel zur Töss und über Schlachthofstr. unter der Autobahn hindurch, rechts auf Waldstrasse bis Tössrain. **10〉** Nach der Bahn links in Espenstr., gleich rechts in Magnolienweg. **11〉** Töss überqueren, Weiachstr., Wülflingerstr. bis Wässerwiesenstr., dieser folgen bis Eulachstr. bis Lindenplatz. **12〉** Nach Lindenplatz rechts, Wartstr. folgen bis Bahnhof Winterthur.

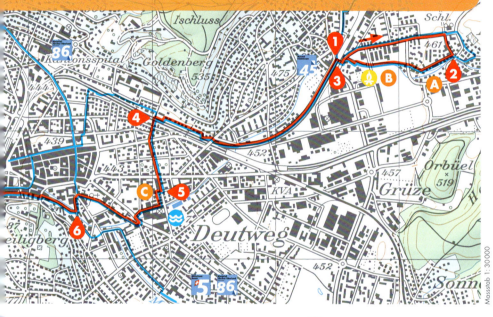

Neben den Industriedenkmälern sind auch viele Wohnsiedlungen aus der Zeit der Industrialisierung interessant. Winterthur erwarb sich damit einen Ruf als Gartenstadt.

als hier Seide gewoben wurde, ein spezieller Zweig der sehr wichtigen Textilindustrie Winterthurs. Zum Gebäudekomplex gehörten auch Arbeiterhäuser sowie ein Mädchenheim für ledige Fabrikarbeiterinnen.

D

Sulzer Stadt
Ehemals eine eigene Stadt westlich der Gleise, ganz im Zeichen der Maschinenindustrie. Bei der Umnutzung muss der Industrie-Denkmalschutz ebenso berücksichtigt werden wie die Anforderungen der heutigen Nutzer.

E

Spinnerei Hard
Die Spinnerei Hard wurde 1802 als erste Fabrikanlage der Schweiz gebaut.

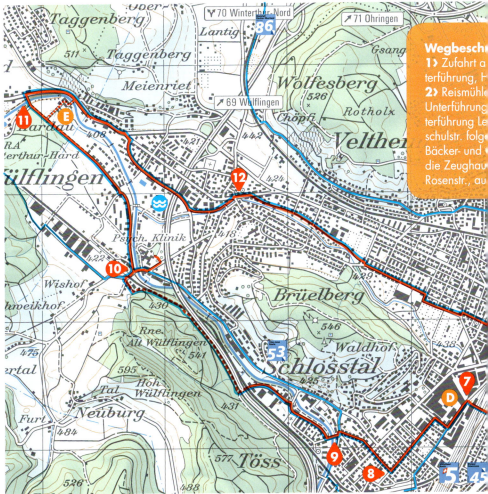

Wegbesch
1› Zufahrt a
terführung, H
2› Reismühle
Unterführung
terführung Le
schulstr. folg
Bäcker- und
die Zeughau
Rosenstr., au

Mühle Hegi/Sagi Reismühle
Angetrieben von der Wasserkraft der Eulach, standen zwischen Hegi und Altstadt ursprünglich 15 Mühlen. Getreide wurde gemahlen, Holz gesägt und vieles mehr. Im Sommerhalbjahr wird in der Sagi Reismühle regelmässig im Schaubetrieb gesägt.

Eulachpark
Auf dem ehemaligen Sulzer-Areal in Oberwinterthur entsteht neben Wohn- und Arbeitsplätzen eine grosszügige Parkanlage.

Sidiareal
Der hohe Kamin inmitten des umgenutzten Areals zeugt von Zeiten,

Streckeninformation
Von Oberwinterthur bis Hauptbahnhof Winterthur
Länge: 18 km, flach
Meist auf Nebenstrassen oder Radwegen, vorwiegend asphaltiert. Die Tour ist signalisiert (rote Wegweiser mit einer Lok). Die Wegweiser sind nicht immer einfach zu finden. Zusatzbeschreibung auf Karte beachten.

Anbindung an ÖV
Winterthur: Intercity, S-Bahn

Anbindung an Veloland
Winterthur: Routen 5, 45, 53, 86

Verpflegung
- Café Cappuccino, Obergasse 14, 052 213 23 88,
für die Glace zwischendurch
- Café Alltag, Unterer Graben 25, 052 202 85 42
- Restaurant zum Grünen Hund, Grenzstrasse 7, 052 212 13 36, in Töss, schöne Gartenterrasse

Picknickplätze
- Im Eulachpark
- An der Töss, vor der Hard; beim Bauernhof Hard kann man noch Obst oder Brot einkaufen

Ausflugsziele
Technorama (Technikmuseum zum «Be-Greifen»), Technoramastrasse 1, Oberwinterthur, 052 244 08 44.
www.technorama.ch
Eulachpark (in Hegi)
Ein riesiger neuer Stadtteilpark, welcher etappenweise auf einem ehemaligen Sulzer-Areal realisiert wird. Teileröffnung 2010. Möglichkeiten für Spiel, Sport und Erholung.
Fotomuseum Grüzenstrasse 44–45, 052 234 10 60.
www.fotomuseum.ch
Industrieensemble Hard
Wohnen, Arbeiten, Landwirtschaft und Kultur.
www.geha-ag.ch
Badmöglichkeiten
- Schwimmbad Geiselweid, Pflanzschulstrasse 6a
- Schwimmbad Wülflingen, Wässerwiesenstrasse 71
www.badi-info.ch

Velofachgeschäfte
- Fateba – Velos zum Verreisen, Turmhaldenstrasse 6, 052 212 69 11
- Bike-Stop, Untere Vogelsangstrasse 2, 052 214 25 25

Streckenprofil

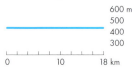

Tipp
Zur Abkühlung ein Bad in einem der schönen Stadtschwimmbäder.

Die Lägern-Rundfahrt ist eine familienfreundliche, in gleichem Masse sportliche und lehrreiche Tour mit einer besonders schönen Aussicht von oben auf das Städtchen Regensberg sowie zwei rassigen Abfahrten.

22
Lägern-Rundfahrt
Vorwärts in die Vergangenheit

mittel • Kultur

Mammut-Fundstätte

Um Niederweningen wurden reichhaltige Funde aus der Eiszeit gemacht, die im Mammutmuseum ausgestellt sind. Auf einem «Zeitpfad» kann man die Entstehung der Tier- und Pflanzenwelt nach der Eiszeit nachvollziehen.

Bäderstadt Baden

Seit 2000 Jahren ist Baden für seine Bäder bekannt. Die 19 mineralienreichen Thermalquellen liegen in der Flussbiegung der Limmat, unterhalb von Hertenstein. Das Bäderquartier ist eine der bedeutendsten kulturhistorischen Stätten der Schweiz.

Eine Reise zurück in der Zeit: Werk- und Feldbahnen aus dem Industriezeitalter; die mittelalterliche Stadtanlage Regensberg; Mammutknochen aus der Eiszeit.

Ⓐ Feld- und Werkbahn
Remise mit einer Sammlung von Feldbahnfahrzeugen und Werkbahnmaterial. Der dazugehörige Verein pflegt und restauriert die Industriefahrzeuge mit Spurweite 600 mm. Helfende Hände sind an Samstagen willkommen, ein Museum ist im Aufbau.

Hochwacht Lägern
Sie gehörte bis ins 19. Jh. zu einem Netz von 23 Signalpunkten auf Berggipfeln im Kanton Zürich. Das Restaurant Hochwacht wurde 1895 erbaut und ist seit 2009 wieder regelmässig bewirtet.

Regensberg
Das einzigartige, im Spätmittelalter (1244) gegründete Städtchen Regensberg zeigt sich heute noch in seiner ursprünglichen Form und Architektur. Sehenswert sind die Ober- und Unterburg, der Sodbrunnen und der Rundturm. Das Schloss ist in Privatbesitz und kann nicht besichtigt werden.

Wegbeschreibung
1› Ab Bahnhof Wettingen Route 5 Richtung Zürich bis H
2› Bei ARA links Wanderweg entlang Golfplatz bis Bah nach Unterführung Bahnhofstrasse und Vorderdorfstrasse Boppelsen fahren. **3›** Links abbiegen, bergauf nach Reg weiter bergabwärts Richtung Schöfflisdorf. **4›** Vor der Bo Route 60 folgen. **5›** Nach dem letzten Gebäude von Ni abbiegen (Flurweg zum Forstwerkhof). **6›** In Lengnau de Velorouten nach Freienwil, Obersiggenthal folgen. **7›** In nach Baden, Ennetbaden abbiegen (Achtung: steile Abfc strasse bis zur Limmat folgen. **8›** Schiefe Brücke queren, via Bäderstrasse alles geradeaus Richtung Altstadt oder **9›** Ab Bahnhof oder Theaterplatz Route 5 zurück nach V

Variante
Abstecher zur Hochwacht, ab Parkplatz Fahrverbot.

Streckeninformation
Rundtour ab Wettingen
Länge: 34 km
Höhenmeter im Aufstieg: ca. 470
Verkehr: Meistens verkehrsarme Nebenstrassen oder Velowege, ca. 3 km auf Flurwegen.

Anbindung an ÖV
Wettingen: S6, S12
Otelfingen: S6
Niederwenigen S5, S55

Anbindung an Veloland
Wettingen–Otelfingen: Route 5
Schöfflisdorf–Niederwenigen: Route 60
Lengnau–Wettingen: Veloroute des Kantons Aargau

Verpflegung
- Otelfingen, Restaurant Brauerei, Vorderdorfstrasse 41, 044 844 24 54
- Boppelsen, Restaurant Lägernstübli, Regensbergstrasse 3, 044 845 29 29
- Niederweningen, Zum weissen Kreuz, Gupfenstrasse 22, 044 856 01 36
- Baden, Restaurant Rebstock, Untere Halde 21, 056 221 12 77

Picknick:
- Grillstelle beim Lägern-Parkplatz, beim Anstieg zur Hochwacht
- In der Badi Sandhöli, Niederweningen

Ausflugsziele
Feld- und Werkbahn Otelfingen, Besichtigung der Sammlung nach Voranmeldung: 076 406 17 67.
www.feldbahn.ch
Mammutmuseum Niederweningen, eiszeitliche Funde, spannend präsentiert. Sonntags geöffnet.
www.mammutmuseum.ch
Schweizer Kindermuseum Baden, Ländliweg 7, 056 222 14 44. Schauen, entdecken, spielen, ausprobieren.
www.kindermuseum.ch
Bademöglichkeiten
Baden, Thermalbad im historisch bedeutsamen Bäderquartier, Kurplatz 1, 056 203 91 12.
www.thermalbaden.ch

Velofachgeschäfte
- Wettingen, Bauer-Sport AG, Landstrasse 133, 056 426 15 17
- Würenlos, Bike Corner, Landstrasse 39, 056 424 37 47
- Oberweningen, Velo Hurler, Wehntalerstrasse 3, 044 856 02 68

Streckenprofil

Tipp
Abstecher auf die Hochwacht mit toller Aussicht und Restaurant.

Die Tour aus Zürich hinaus ins Furttal führt zuerst der Limmat entlang. Sie ermöglicht es zu jeder Jahreszeit, schnell aus der Stadt auszubrechen und ein wenig Natur zu tanken.

23
Vo Züri furt
Raus aus der Stadt in die nahe Natur

leicht • Natur

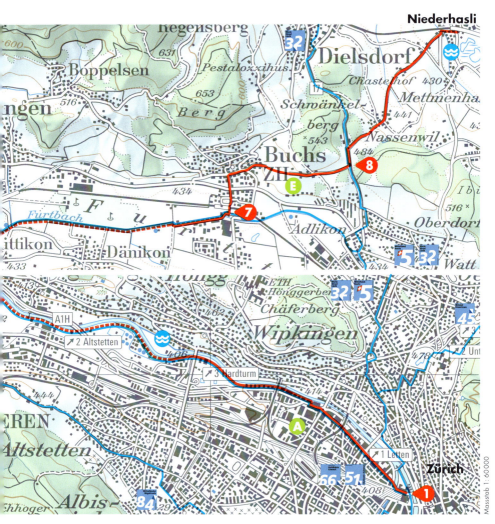

aufgebaut. Die Ruine der zugehörigen Burg ist noch erhalten.

D
Altläufe der Limmat
Die Limmat wurde ab dem 19. Jahrhundert im Raum Dietikon begradigt. Seit 1985 ist das Auengebiet der Altläufe der Limmat ein Naturschutzreservat und Vogelschutzgebiet. In den Auen können eine grosse Pflanzenvielfalt und mit Glück auch seltene Vogelarten wie etwa der Eisvogel beobachtet werden.

Bergwerk Buchs
Hier wurde von 1894 bis 1922 Quarzsand für das berühmte grüne Bülachglas abgebaut. Dabei entstand ein faszinierendes Labyrinth von Gängen.

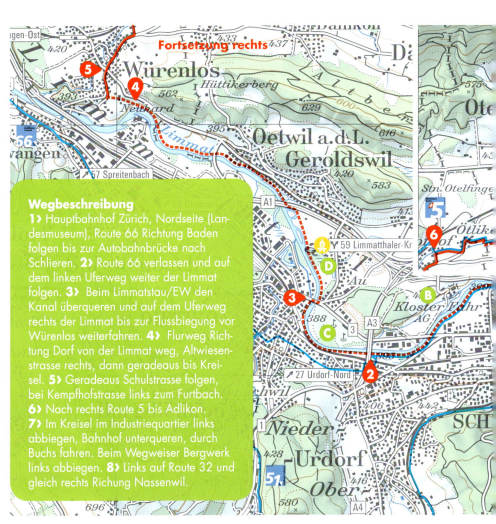

Wegbeschreibung

1> Hauptbahnhof Zürich, Nordseite (Landesmuseum), Route 66 Richtung Baden folgen bis zur Autobahnbrücke nach Schlieren. **2>** Route 66 verlassen und auf dem linken Uferweg weiter der Limmat folgen. **3>** Beim Limmatstau/EW den Kanal überqueren und auf dem Uferweg rechts der Limmat bis zur Flussbiegung vor Würenlos weiterfahren. **4>** Flurweg Richtung Dorf von der Limmat weg, Altwiesenstrasse rechts, dann geradeaus bis Kreisel. **5>** Geradeaus Schulstrasse folgen, bei Kempfhofstrasse links zum Furtbach. **6>** Nach rechts Route 5 bis Adlikon. **7>** Im Kreisel im Industriequartier links abbiegen, Bahnhof unterqueren, durch Buchs fahren. Beim Wegweiser Bergwerk links abbiegen. **8>** Links auf Route 32 und gleich rechts Richung Nassenwil.

Zürich West
Es lohnt sich, eine Extrarunde durch das boomende Entwicklungsgebiet zu fahren. Spezielle Bauten wie der Prime Tower, die Viaduktbögen oder umgenutzte Industriebauten wie Puls 5 am Turbinenplatz zeugen von der Dynamik in diesem Quartier.

Kloster Fahr
Das im Grünen gelegene Benediktinerinner-Kloster wurde 1130 gegründet und wirkt heute wie eine ruhige Oase. Der Name ist abgeleitet von einem früheren Fährbetrieb über die Limmat. Seit einigen Jahren gehört das Kloster zu Würenlos und ist eine Aargauer Enklave im Kanton Zürich.

Eine kleine, g gende Steigu trennt das gr mit der Limm mit dem Furt

Ruine und W Glanzenberg
Das ehemalige zenberg im Limr über von Dietiko waltsam von de worden sein. D anschliessend n

Streckeninformation
Von Zürich nach Niederhasli
Länge: 34 km
Höhenmeter im Aufstieg: ca. 170
Verkehr: Nicht asphaltierte Wege entlang Limmat und Furt, sonst mehrheitlich wenig befahrene Nebenstrassen.

Anbindung an ÖV
Hauptbahnhof Zürich
Killwangen-Spreitenbach: S3 und S12
Buchs-Dällikon: S6
Niederhasli: S5 resp. S55

Anbindung an Veloland
Dietikon: Route 51
Würenlos: Route 5
Buchs: Route 32
Berschikon: Route 60

Verpflegung
• Zürich, Werdinsel, Bad und Restaurant an der Limmat, 044 341 74 72, www.werdinsel.ch
• Kloster Fahr, Restaurant Zu den zwei Raben, 044 750 01 01
• Otelfingen, Restaurant im Golfpark, Neue Riedstrasse 72, 044 884 79 70, www.golfotelfingen.ch
• Buchs, Restaurant Bergwerk, Krähstelstrasse 29, 044 844 17 50
Picknick
• Im Naturschutzgebiet Werd/Dietikon

Ausflugsziele
Kloster Fahr Benediktinerinnen-Kloster. Besichtigung in Gruppen nach Voranmeldung.
www.kloster-fahr.ch
Trampolino Dietikon Indoor-Spielplatz mit Trampolinen und weiteren Bewegungsspielen, Lerzenstrasse 27, 044 740 07 31.
www.trampolino.info
Bergwerk Buchs Quarzsand-Bergwerk-Besichtigung ab vier Personen nach Voranmeldung: 044 844 17 50.
Bademöglichkeiten
• Zürich, Schwimmbad Au-Höngg (Werdinsel), baden im Fluss und im Kanal, zusätzlich Planschbereich
www.badi-info.ch
• Niederhasli, Mettmenhaslisee, nettes, gepflegtes Naturbad

Velofachgeschäfte
• Gratis Veloverleih «Züri rollt» (normale Velos und E-Bikes)
• Velostation Zürich HB (Nord und Süd), www.zuerirollt.ch
• Zürich, Velocittà, Neugasse 31, 043 818 28 29
• Würenlos, Bike Corner, Landstrasse 39, 056 424 37 47
• Niederhasli, Maag Velos – Motos AG, Dorfstrasse 16, 044 850 16 07

Streckenprofil

Tipp
An den Altläufen der Limmat lassen sich seltene Vogelarten beobachten.

Mit wenig Verkehr und viel Natur fährt man der Grossstadt entgegen. Auf dem Weg durch das Rafzerfeld und das Glattal gibt es viel Interessantes aus Landwirtschaft und Industrie zu entdecken.

24
Schaffhausen–Zürich
Städtefahrt, einmal ohne Intercity

anspruchsvoll • Kultur

C

Zürich West

Die aufstrebende Kulturmeile Zürich West ist im Aufbruch. Das frühere Industriegebiet im Umkreis von Escher-Wyss-Platz, Hardturm und Viaduktbögen verändert sich wie kaum ein anderes Gebiet in Zürich. Es wird schrittweise und mit Respekt gegenüber seiner Geschichte zu einem attraktiven Stadtteil umgeformt.

Letten

Das Gelände des stillgelegten Bahnhofs Letten wurde 1995 zu einem Freizeitareal umgestaltet. Liegewiesen, Bars und Restaurants sowie Sportplätze ergänzen das Angebot der beiden Flussbäder.

Von der Kleinstadt zur Grossstadt: Der Unterschied regt an und vermittelt dank kultureller und architektonischer Vielfalt neue Impulse.

Massstab 1 : 100 000

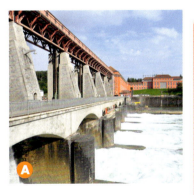

Historisches Kraftwerk

Das Kraftwerk Eglisau bei Rheinsfelden (Baujahr 1915) ist wegen seiner architektonischen Qualitäten eines der bedeutendsten Industriedenkmäler der Nordostschweiz. Das markante Laufwasserkraftwerk ist im Inventar der schutzwürdigen Objekte aufgeführt.

Katzenseen

Die Katzenseen liegen inmitten eines Feuchtgebiets von etwa 40 ha Grösse. In den geschützten Riedwiesen sind über 600 Arten von Blütenpflanzen nachgewiesen, die hier neben Brutvögeln, Amphibien, Reptilien und Insekten vorkommen. Die beiden Seen verlanden allmählich. So sind auf engem Raum sowohl Flachmoore als auch ein Hochmoor entstanden.

1› Ab Bhf Schaffhausen via Altstadt zum Rhein. 2› Auf dem Rheintal-Radweg bis Günzgen. 3› Ende Dorf links Radweg Richtung Rheinfelden bis zum Kraftwerk. 4› Nach dem Überqueren eines Geleises in die Route 2 einbiegen. 5› Auf die Route 29 wechseln und der Glatt entlang fahren bis etwa 1 km nach Rümlang. 6› Über die Holzbrücke in die Route 5 einbiegen. 7› Beim oberen Katzensee links bis zur Kantonsstrasse Rümlang-Affoltern. 8› Route 5 verlassen, der lokalen Radroute Hönggerberg, ETH, Höngg folgen und ab Höngg durch eine ausgeschilderte Quartierstrasse Richtung City, HB fahren. 9› Auf der Höhe der Kornhausbrücke trifft man wieder auf die Route 5.

Variante

Beim Wipkingerplatz rechts über die Wipkingerbrücke zum Escher-Wyss-Platz und weiter der Route 66 entlang zum Hauptbahnhof.

Streckeninformation
Von Schaffhausen nach Zürich
Länge: 67 km
Höhenmeter im Aufstieg: ca. 470
Verkehr: Asphaltierte Nebenstrassen und Velowege.
(Pass/ID mitnehmen)

Anbindung an ÖV
Schaffhausen: Regional- und Schnellzüge, Schiff
Bülach und Zürich: Regional- und Schnellzüge

Anbindung an Veloland
Schaffhausen: Routen 2, 26, 77, 82, 86, Rheintal-Radweg
Bülach: Route 60
Zürich: Routen 66, 51

Verpflegung
- Rafz, Restaurant Pflug, Märktgass 1, 044 869 03 03
- Rümlang, Restaurant Pizzeria Romantica, Oberdorfstrasse 1, 043 810 62 46
- Zürich, Markthalle im Viadukt, Limmatstrasse (Kreis 5), www.markthalle.im-viadukt.ch

Picknick
- 2 Grillplätze entlang der Glatt
- Picknickplatz am Büsisee (Badeverbot), unmittelbar vor dem Katzensee

Ausflugsziele
Kraftwerk Eglisau Das Kraftwerk steht bei Rheinsfelden und ist Zeuge der frühen Industriearchitektur.
Flughafen Die Faszination des Fliegens lässt sich von öffentlichen Aussichtsplattformen aus hautnah miterleben. Tipps zum Planespotting:
www.neuespotter.de/planespotting-schweiz/zuerich/
Katzensee Am Katzensee funktioniert beides nebeneinander: Naturschutz auf der einen Seite, Baden und Erholen auf der anderen.
ETH Hönggerberg Science City, der neue Campus der ETH auf dem Hönggerberg, gilt als wegweisendes Modell der Universität im 21. Jahrhundert.
www.vs.ethz.ch/standortentwicklung/science_city

Badmöglichkeiten
- Freibad beim unteren Katzensee
- Flussbad Unterer Letten: Limmatbadi und Kinderbecken, Wasserwerkstr. 141, 044 362 10 80

Velofachgeschäfte
- Rafz, Schweizer Robert, Velos – Motos, Märktgass 2, 044 869 05 71
- Glattfelden, Hedinger Robert, Laubbergstrasse 6, 044 867 38 38
- Bülach, Birrer 2-Rad Sport, Allmendstrasse 34, 044 860 37 58
- Niederhasli, Maag Velos – Motos, Dorfstrasse 16, 044 850 16 07

Streckenprofil

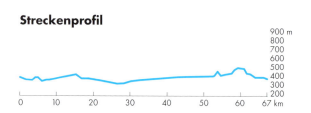

Tipp
Flanieren, shoppen und geniessen am Viadukt in Zürich-West

Herrliche Ausblicke bieten sich zwischen Bauma und Winterthur auf dem Höhenzug zwischen dem Tösstal und dem Kempttal. Durch die Anfahrt via Tössuferweg wird eine Rundtour daraus.

25
Über d'Höger
Zwischen Tösstal und Kempttal

mittel • Natur

C

Landmaschinen aus alten Zeiten

Das Landmaschinenmuseum der Sammlung Spörri in Ehrikon entführt in die Welt der Landmaschinen und Geräte aus den Anfängen der motorisierten Landwirtschaft. Wunderschön restauriert und grösstenteils voll funktionstüchtig.

D

Golfplatz Kyburg

Die einstigen Pferdeweiden der Kyburger auf dem Rossberg sind heute ein 18-Loch-Golfplatz. Besucher sind herzlich willkommen und werden, falls sie Golf spielen wollen, freundlich auf die Platzregeln und den Dresscode aufmerksam gemacht.

Drei schweisstreibende Aufstiege und vier rauschende Abfahrten sorgen für viel Abwechslung. Ideal, um nach einem heissen Arbeitstag abzuschalten.

Dampfbahn Bauma–Hinwil

Initiiert vom berühmten Industriellen Adolf Guyer-Zeller entstand um die vorletzte Jahrhundertwende herum die Uerikon-Bauma-Bahn UeBB. Heute wird die Strecke von Bauma nach Hinwil im Sommer an zwei Sonntagen pro Monat vom Dampfbahn-Verein Zürcher Oberland betrieben.

Jakob-Stutz-Weg für Wanderer und Biker

Der Volksdichter Jakob Stutz lebte an verschiedenen Orten im Zürcher Oberland. Der Wander- und Bike-Weg von Pfäffikon nach Sternenberg führt an wichtigen Lebensstationen des Dichters vorbei. Informationstafeln geben Einblick in das Wirken des Dichters. Wieso nicht als Variante von Hermatswil nach Pfäffikon dem Bikeweg folgen.

Wegbeschreibung

1› Auf der Hauptstrasse 500 Meter Richtung Winterthur, dann links in Richtung Dürstelen und dann rechts nach Fälmis abbiegen. **2›** Nach links 1 km auf der Hauptstrasse auf der Route 41, dann rechts nach Schönau und im Dorfkern wieder rechts in Richtung Ravensbüel. **3›** Von Hermatswil bergab nach Schalchen und weiter nach Bläsimühli. **4›** Links ca. 100 m auf der Hauptstrasse Richtung Fehraltorf, dann rechts über die Brücke bergauf über Ludetswil und Neschwil nach Theilingen fahren. **5›** Links ca. 1 km auf der Route 86 Richtung Fehraltorf. Rechts nach Horben, nach 500 m wieder rechts auf der Frohacherstrasse nach Agasul fahren. **6›** Auf der Strasse in Richtung First ca. 600 m bergauf, dann links dem Wanderwegweiser nach Kemleten folgen (zuerst asphaltiert, danach Flurweg). **7›** In Kemleten rechts und gleich wieder links. Lange Abfahrt auf Flurweg zum Golfplatz Rossberg und via Route 45 nach Winterthur.

Streckeninformation
Tour von Bauma nach Winterthur
Länge: 32 km
Höhenmeter im Aufstieg: ca. 420
Verkehr: Verkehrsarme Nebenstrassen oder Radwege.

Anbindung an ÖV
Winterthur: Intercity, S-Bahn
Bauma: S26

Anbindung an Veloland
Winterthur: Routen 5, 45, 53, 86
Bauma: Route 53
Schönau: Route 41
Theilingen: Route 86

Verpflegung
- Hittnau, Restaurant Freihof, Tösstalstrasse 101, 044 950 53 53
- Hermatswil, Lotharstube, Ravensbüelerstrasse 11, 044 950 56 80, www.lotharstube.ch
- Agasul, Restaurant Zur Gans, Vogtacherstrasse 2a, 052 347 28 03, auf lokale und selbstgemachte Produkte spezialisiert
- Kemptthal (beim Golfclub Kyburg), Landgasthof Rossberg, 052 345 11 63

Picknick
- Picknickplatz auf der Höhe bei Hermatswil mit eindrücklicher Aussicht auf die Glarner Alpen

Ausflugsziele
Dampfbahn Bauma–Hinwil
Dampfbahnfahrten und viel Interessantes zur Geschichte der Eisenbahn in der Schweiz.
www.dvzo.ch

Jakob-Stutz-Weg
Geschichtsträchtiger Wander- und Bikeweg im Zürcher Oberland
www.sternenberg.ch

Freiberger-Tage in Agasul
Jährliches Treffen der Züchter mit Festwirtschaft, vielen Darbietungen und Wettbewerben.
www.freibergertag-agasul.ch

Golfplatz Kyburg
Golfanlage auf den ehemaligen Rossweiden der Kyburger.
www.golf-kyburg.ch

Velofachgeschäfte
- Bauma, Rensch Bike-Sport GmbH, Sennhüttenstrasse 7, 052 386 22 11
- Fehraltorf, Tröhler Velo Sport, Sennhüttenweg 3, 044 995 68 60
- Russikon, Mac Bike, Madetswilerstrasse 2, 044 955 18 91
- Winterthur, Tretlager 42 GmbH, Bahnmeisterweg 12, 052 202 80 20

Streckenprofil

Tipp
Die ideale Feierabend-Tour im Sommer mit kleinen sportlichen Herausforderungen.

Baden im Doppelpack ist auf der gemütlichen Tour um die zwei Seen im Zürcher Oberland problemlos möglich. Die richtige Tour für warme Sommertage mit genügend Zeit für ausgedehnte Pausen.

26
Zweiseentour
Greifensee und Pfäffikersee

leicht • Baden

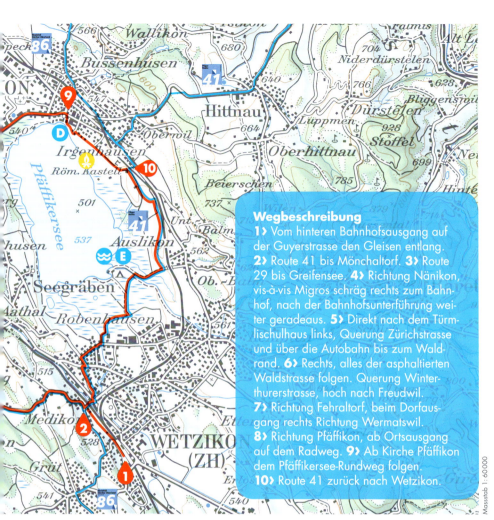

Wegbeschreibung

1〉 Vom hinteren Bahnhofsausgang auf der Guyerstrasse den Gleisen entlang. **2〉** Route 41 bis Mönchaltorf. **3〉** Route 29 bis Greifensee. **4〉** Richtung Nänikon, vis-à-vis Migros schräg rechts zum Bahnhof, nach der Bahnhofsunterführung weiter geradeaus. **5〉** Direkt nach dem Türmlischulhaus links, Querung Zürichstrasse und über die Autobahn bis zum Waldrand. **6〉** Rechts, alles der asphaltierten Waldstrasse folgen. Querung Winterthurerstrasse, hoch nach Freudwil. **7〉** Richtung Fehraltorf, beim Dorfausgang rechts Richtung Wermatswil. **8〉** Richtung Pfäffikon, ab Ortsausgang auf dem Radweg. **9〉** Ab Kirche Pfäffikon dem Pfäffikersee-Rundweg folgen. **10〉** Route 41 zurück nach Wetzikon.

Die ehemaligen Kiesgruben in Nänikon wurden unlängst renaturiert und bilden heute eine abwechslungsreiche Biotoplandschaft.

Seequai in Pfäffikon

Zum Flanieren ist der Pfäffiker Seequai bestens geeignet. Man kann auf der Wiese liegen, die Kinder tummeln sich auf dem Spielplatz. Mietet man ein Ruderboot, kann man sogar mitten im See baden.

Seebadi Auslikon

Die grosszügige Badi liegt in einer geschützten Bucht und bietet alles, was es braucht. Flosse im Wasser, Bistro und Spielplatz.

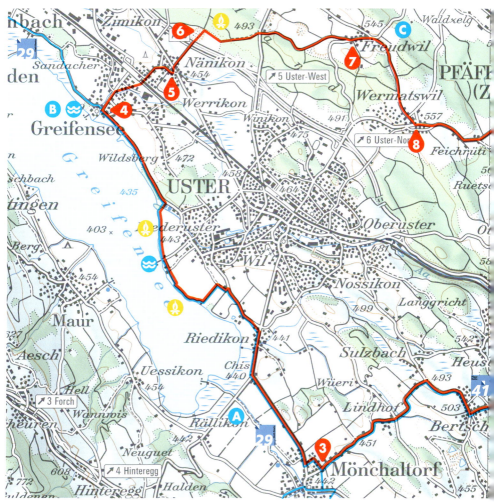

Naturstation Silberweide
Am oberen Ende des Greifensees lädt die Naturstation mit vielfältigen Angeboten dazu ein, sich vertraut zu machen mit Flora und Fauna der Region. Ein Erlebnispfad, Ausstellungen, aber auch Spiel- und Rastmöglichkeiten bieten für Jung und Alt etwas. Vieles lässt sich dann auch bei der Weiterfahrt beobachten.

B
Badi Furren in Greifensee
Eine der schönsten kleinen Badestellen am Greifensee. Nur mit der notwendigsten Infrastruktur versehen, dafür an perfekter Lage – hierher kommt man am besten mit einem Picknick und, wenn Kinder dabei sind, mit «Sändelisachen».

Freudwil
Auf der Höhe ge
Greifensee und
Freudwil mit Ba
Pferden einen he

Streckeninformation
Rundtour Wetzikon–Greifensee–Pfäffikon–Wetzikon
Länge: 33 km
Höhenmeter: ca. 200
Verkehr: Radwege oder verkehrsarme Nebenstrassen; fast durchgehend asphaltiert.

Anbindung an ÖV
Wetzikon: S5, S15, S3, S14
Pfäffikon: S3
Nänikon-Greifensee: S9 und S14

Anbindung an Veloland
Pfäffikon: 41 und 86
Wetzikon: 86
Greifensee: 29

Verpflegung
- Greifensee, Städtlicafé, Sonnenterrasse mit Sicht auf den Greifensee, beim Schloss, 044 941 12 75
- Pfäffikon, l'Aq, Usterstrasse 39, direkt am See, 044 952 30 00, www.laq.ch
- Robenhausen, Restaurant Rössli, Dorfstrasse 23, 043 488 06 36, www.roessli-robehuuse.ch

Picknick
- Nieduster, am Ufer des Greifensees, westlich und östlich der Schifflände
- Pfäffikon, im Römerkastell
- Nänikon, Waldfeuerstelle oberhalb Nänikons

Ausflugsziele
Naturstation Silberweide
Erlebnispfad, Beobachtungshütte, Spielbereich, Grillmöglichkeit und Kiosk, Seestrasse 37, Mönchaltorf.
www.silberweide.ch

Römerkastell Irgenhausen
Das Kastell aus dem 3. Jh. n. Chr. befindet sich kurz nach Pfäffikon auf der Anhöhe direkt an der Veloroute. Schöner Blick auf den See und Picknickmöglichkeit.

Bademöglichkeiten
- Strandbad Niederuster, Seeweg 5, Uster. Schwimmbassins, Planschbecken und Bademöglichkeit im See
www.badi-info.ch
- Strandbad Auslikon, Strandbadstrasse, Baden im See, Kiosk, Campingplatz
- Seebadi Furren, Greifensee, ca. 400 m vom Schloss Richtung Schwerzenbach, Eintritt frei

Velofachgeschäfte
- Niederuster, Chälbli, Seestrasse 98, 043 277 06 66
- Pfäffikon, Velo Schälli, Hochstrasse 75, 044 950 26 07
- Wetzikon, Velo Center Camatral, Buchgrindelstrasse 26, 044 930 44 25

Streckenprofil

Tipp
Von Mönchaltorf direkt dem Aabach entlang zur «Silberweide».

Der Ausflug ins Zürcher Oberland erfordert einiges an Kondition, entschädigt dafür aber mit kulinarischen Spezialitäten und herrlichen Ausblicken. Zum Schluss gibts Erholung pur beim Baden im Pfäffikersee.

27
Oberländer Spezialitäten
Sportliche und kulinarische Highlights

anspruchsvoll • Natur

Wegbeschreibung

1› Vom Bahnhof Effretikon auf der Route 45 Richtung Winterthur. **2›** Rechts nach Ottikon. **3›** Rechts ins Dorf, am Dorfende nach Luckhausen, Agasul, Weisslingen. **4›** Route 86 bis Russikon. **5›** Geradeaus Richtung Saland. **6›** Links Richtung Saland, mündet in Route 41 bis Saland. **7›** Route 53 bis Bauma. **8›** Links durch die Unterführung, dann den Wegweisern Richtung Bäretswil folgen. **9›** Nach dem Weiher links bergauf Richtung Hinterburg fahren. **10›** Dem Wegweiser «Museum» nach links folgen. Über Girenbad und Ringwil nach Bäretswil. **11›** An der Hauptstrasse rechts, dann links Richtung Bahnhof und Adetswil abbiegen. **12›** Am Dorfende links bergab nach Kempten. **13›** Den Velowegweisern Richtung Uster folgen, dann rechts in Seegräbener Strasse einbiegen. Geradeaus bis zur Hauptstrasse zwischen Pfäffikon und Uster. **14›** Links bis Wermatswil, rechts Richtung Freudwil. Dann alles geradeaus den Wegweisern nach bis Effretikon.

Zürcher Berggebiet

In der Gegend um den Bachtel lässt sich Landschaft pur erleben. Der Abstecher über Girenbad lohnt sich nicht zuletzt wegen der herrlichen Aussicht. Daneben kann man Käse direkt beim Produzenten kaufen.

Badi Seegräben

In Seegräben lockt Jucker FarmArt mit seinem Erlebnishof zahlreiche Besucher an. Richtig entspannen lässt es sich hingegen unterhalb des Dorfes am See an der kleinen Badestelle. Es gibt ein Holzhaus und einen Steg mit Leiter.

Zwischen Bauma und Wetzikon lässt sich viel über die frühere Industrie im Zürcher Oberland lernen. Ein Highlight ist eine Fahrt mit der Dampfbahn.

«Alpenrösli»
Gartenzwerge, Geranien, Kühe und Dirndl – die Ausstattung der Gartenbeiz Alpenrösli in Wallikon ist üppig. Wer gute, währschafte Kost, gastfreundliches Ambiente und natürlich den Huuskafi schätzt, sollte hier einkehren.

Dampfbahn
Am Bahnhof in Bauma fühlt man sich in die Anfänge des Schienenverkehrs zurückversetzt. Hier lassen sich die historischen Waggons, Maschinen und eine Dampflok bestaunen.

Neuthal
Bahnhof und Güterschuppen aus der Zeit der Uerikon-Bauma-Bahn wurden originalgetreu belassen, restauriert und der Schuppen zu einem Bistro ausgebaut. Neben einem kulinarischen Angebot kann man im Bistro auch nach Herzenslust in der hauseigenen Bibliothek schmökern.

Streckeninformation
Rundtour von und nach Effretikon
Länge: 61 km
Höhenmeter im Aufstieg: ca. 770
Asphaltierte, wenig befahrene Nebenstrassen, Velowege, ca. 2 km Flurweg.

Anbindung an ÖV
Saland, Bauma: S26
Wetzikon: S3, S5, S14
Pfäffikon ZH: S3

Anbindung an Veloland
Effretikon–Kemptthal: Route 45
Weisslingen–Russikon: Route 86
Saland: Route 41, 53
Wetzikon: Route 41, 86

Verpflegung
- Wallikon, Restaurant Alpenrösli, echter Geheimtipp im Oberland, 044 950 12 32 zh-oberland.regiomagazin.ch (> Gastroführer)
- Bauma, Bäckerei Voland, Bahnhofstrasse 4, 052 386 11 20, www.baumerfladen.ch
- Station Neuthal, wildi bistro-schuppe, 044 939 19 19, www.bistro-schuppe.ch
- Aathal-Seegräben, Hofladen Wagenburg, biologisch produzierte Lebensmittel, www.vierlinden.ch

Ausflugsziele
Grabhügel-Nekropole Die Zeugen der frühmittelalterlichen Geschichte liegen an der Strasse nach Ottikon im Wald.
www.ilef.ch/ausfluege
Industriegeschichte Industrielehrpfad Zürcher Oberland von Bauma nach Wetzikon.
www.industrieensemble.ch
Dampfbahn Historische Dampfbahn zwischen Bauma und Hinwil. Fahrplan und Preise unter
www.dvzo.ch
Badestelle Seegräben Wer es romantisch und ruhig mag, ist an dem kleinen Badesteg unterhalb von Seegräben gut aufgehoben.
www.badi-info.ch/seegräben

Velofachgeschäfte
- Russikon, macBIKE, Madetswilerstrasse 2, 044 955 18 91, www.macbike.ch
- Bauma, RENSCH bike-Sport, Sennhüttenstrasse 7, 052 386 22 11, www.rensch-bike.ch
- Bäretswil, Velos Motos H. Günthart, Baumastrasse 2, 044 939 10 20

Streckenprofil

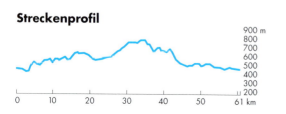

Tipp
Baumerfladen, der leckere Energiespender.

Immer auf der Grenze zwischen Zürich, St. Gallen und Thurgau, ist diese Tour weniger anstrengend, als man auf den ersten Blick erwarten würde. Tolle Aussichten und Abfahrten entschädigen für den Aufstieg zur Hulftegg.

28
Grenzwertig
In die Höhen über dem Tösstal

anspruchsvoll • Natur

C

Panorama Sädelegg
Ein Panoramabild gibt den unzähligen Zacken, Spitzen und Rücken, die einen während der ganzen Tour begleiten, endlich einen Namen. Eine grosse Linde spendet Schatten, zudem gibt es eine Feuerstelle.

Sitzberg
Die Kantonsgrenze verläuft mitten durch den Weiler. Velofahrende interessiert aber vor allem, dass hier die rasante Talfahrt beginnt.

Anstrengend ist es nur bis zur Hulftegg, danach gilt «Prinzip abwärts» mit leicht zu bewältigenden Gegensteigungen. Mit einer Abfahrt ins Tösstal kann die Tour auch jederzeit abgebrochen werden.

Hulftegg

Der nächstgelegene wirkliche Pass, der auch von nicht professionellen VelorennfahrerInnen gut gemeistert werden kann. Auf der Passhöhe lädt ein Restaurant zur Rast, bevor es auf der signalisierten Mountainbike-Route über Naturstrassen abseits des Verkehrs weitergeht.

Naturschutzgebiet Alp Ergeten

Auf genau 1000 m ü.M, dem höchsten Punkt der Tour, beginnt die Alp Ergeten, seit 1985 ein Naturschutzgebiet mit angepasster landwirtschaftlicher Nutzung. Ein kurzer Spaziergang auf den Regelsberg gleich am Anfang auf der rechten Seite lässt uns erahnen, wie mächtig die letzte Eiszeit unsere Landschaft geprägt hat. Der runde Berg ragte damals wie eine Insel über die Eismassen hinaus und war wichtiger Lebensraum für Pflanzen und Tiere.

Wegbeschreibung

1〉 Vom Bahnhof Steg Route 53 Richtung Wald. **2〉** Links Richtung Hulftegg abbiegen. **3〉** Auf der Hulftegg links auf die Mountainbike-Route 33 abbiegen. **4〉** Ca. 2 km der Route 41 folgen. **5〉** Route 33 bis Sitzberg. **6〉** Für die steile Abfahrt von Sitzberg nach Wila folgt man durchgehend der asphaltierten Strasse. Die Mountainbike-Route 33 verläuft streckenweise durch den Wald. **7〉** Route 53 bis zum Bahnhof Wila oder der Töss entlang Richtung Wald oder Richtung Winterthur.

Streckeninformation
Steg im Tösstal bis Wila
Länge: 23 km
Höhenmeter im Aufstieg: ca. 510
Verkehr: Grösstenteils schwach befahrene Nebenstrassen, zwei steile, kurze Abschnitte auf Naturstrassen. Am Wochenende bisweilen viele Motorräder auf der Passstrasse zur Hulftegg. Mehrheitlich signalisiert als Mountainbike-Route, jedoch mit Tourenvelo gut befahrbar.

Anbindung an ÖV
Wila: S26
Steg: S26

Anbindung an Veloland
Winterthur: Routen 5, 45, 53, 86
Steg: Route 53
Turbenthal: Routen 5, 53
Alewinde: Route 41

Verpflegung
• Hulftegg, Restaurant/Hotel Hulftegg, 071 983 33 66, www.hulftegg.ch, Frühstücksbuffet am Sonntagmorgen
• Sitzberg/Schmidrüti, Rest. Sternen, Ober Hamberg, 052 385 13 42
• Turbenthal, Cafe Ehriker Beck, Tösstalstrasse 87, 052 385 57 58, feine Glace

Picknick
• Buechegg: «Schweizer Familie»-Feuerstelle 1,2 km vom Veloweg entfernt
• Sädelegg, direkt an der Route

Ausflugsziele
Naturschutzgebiet Alp Ergeten
Die Alp Ergeten ist Alp und Naturschutzgebiet gleichzeitig. Auf dem Hof an der Route findet man in einem kleinen Museum interessante Informationen.
www.pronatura.ch

Aussichtspunkt Sädelegg
Schön gemachte Panoramatafel bei der grossen Linde. Grillplatz mit wunderbarer Aussicht.

Wila (Tablat) Vivarium
Aquaterrarien mit einheimischen Amphibien, Naturgarten mit Erlebnispfad, Tablat, 052 385 35 76.
www.vivarium-tablat.ch

Bademöglichkeiten
• Turbenthal/Wila, Schwimmbad Neuguet, Tösstalstrasse 148, 052 385 15 00
• direkt an der Töss
www.badi-info.ch

Velofachgeschäfte
• Saland, Gublers 2 Zweirad, im Bahnhof Saland, 052 386 37 70
• Turbenthal, Benis Velo- u. Sport-Shop, Girenbadstrasse 1, 052 385 35 35, www.benisvelo.ch

Streckenprofil

Tipp
Nach einer rasanten Abfahrt nach Wila lädt die Töss zum Baden ein.

Die Route 53 von SchweizMobil verbindet Winterthur mit dem alten Industriestädtchen Wald im Zürcher Oberland. Dazwischen liegen eine gemütliche Flussfahrt und eine rasante Schlussabfahrt.

29
Flussfahrten
Zwischen den Industriestädten

mittel • Kultur

Wegbeschreibung
Winterthur Bahnhof, SchweizMobil-Infopoint bei Velostation 3. **1>** Auf der Stadthausstrasse bis zur Verzweigung Kasinostrasse. **2>** Rechts auf der Route 45 bis nach Töss fahren. **3>** Ab hier der Route 53 bis nach Wald folgen.

C Industrie am Fluss

In allen Ortschaften entlang der Route ragen vereinzelt noch die alten Schornsteine der Textilfabriken in die Höhe. Die meisten Areale wurden für Wohn- und Gewerbenutzung umgebaut. Der Wasserlehrpfad zwischen Sennhof und Turbenthal vermittelt mit Informationstafeln die Geschichte des Flusses und der dazugehörenden Technik.

D

Wald

Ende 19. Jh. wurde Wald mit seinen 16 Fabrikbetrieben der Textilbranche auch «Manchester der Schweiz» genannt. Zahlreiche Fabrikbauten im Dorf, in der grössten Aussenwacht Laupen und in der umliegenden Landschaft sind noch heute Wahrzeichen der ehemaligen Textilhochburg des Zürcher Oberlandes. Ein Rundgang durch den Ortskern und ein Besuch des Bleiche-Areals an der Jona sind ein lohnender Abschluss der Tour.

Schwemmstege Töss

Zu Zeiten, in denen die Töss noch ein ungezähmter Fluss war, waren die Schwemmstege einfache Brücken, die auch Hochwasser standhielten. Bei hohem Wasserstand schwenkten die beweglichen Brückenelemente in Flussrichtung und gaben das Abflussprofil frei.

Winterplatz Circolino Pipistrello

Auf dem Areal direkt an der Töss lockt eine ganz spezielle Atmosphäre: Der Abenteuerspielplatz Schöntal lässt kleine Herzen höher schlagen. Zudem gibt es eine frei zugängliche Do-it-yourself-Veloflickstation und verschiedene Kulturangebote.

Je nach Wasserstand sind in der Töss mehr oder weniger grosse Kiesbänke zugänglich, die zum Picknicken und Füsse baden einladen.

**Streckeninformation
Winterthur bis Wald
Länge: 45 km
Höhenmeter: ca. 380
Asphaltierte Nebenstrassen und nicht asphaltierte Flurwege. Abfahrt nach Wald auf der Hauptstrasse.**

Anbindung an ÖV
Winterthur: Intercity, S-Bahn
Wald: S26

Anbindung an Veloland
Winterthur: 5, 45, 53, 86
Saland: 41
Wald: 86

Verpflegung
- Turbenthal, Café in der «Sticki» am Dorfplatz
- Juckern-Saland, Landgasthof Löwen, Blitterswilerstrasse 1, 052 386 12 61, massive Holzbänke laden zu einer Pause ein
- Bauma, Bäckerei Voland (sonntags geöffnet), Bahnhofstrasse 4, 052 386 11 20, www.baumerfladen.ch
- Wald, Bleichibeiz (in der Bleiche Wald), Jonastrasse, 055 256 70 20, in ehemaligem Industrieensemble, zusammen mit Hotel und Bad

Picknick
- Kiesbänke an der Töss, z.B. in Turbenthal
- Wila, Picknickplatz mit Grill und Spielplatz

**Ausflugsziele
Rikon, Winterquartier Circolino Pipistrello** Zirkusaktivitäten, Kulturevents, dazu der immer zugängliche Abenteuerspielplatz Schöntal und die Veloflicki. An der Töss in Rikon.
www.pipistrello.ch
Wila (Tablat) Vivarium Aquaterrarien mit einheimischen Amphibien, Naturgarten mit Erlebnispfad, Tablat, 052 385 35 76.
www.vivarium-tablat.ch
Bleiche-Resort Wald Industrieensemble mit ehemaligen Fabrikgebäuden und Kosthäusern. Umfasst eine Beiz, ein Hotel und ein Wellnessbad. Bleiche, Jonastrasse, 055 266 27 27.
www.bleiche.ch

Bademöglichkeiten
- Hallenbad Bauma, Altlandenbergstrasse 6, 052 386 21 62
- Schwimmbad Steg, Ohrütistrasse, 055 245 18 61

Velofachgeschäfte
- Bauma, Rensch Bike Sport GmbH, Sennhüttenstrasse 7, 052 386 22 11
- Saland, Gubler's Zweirad, im Bahnhof Saland, 052 386 37 70
- Wald, 2-Rad Sport, Tösstalstrasse 40, 055 246 45 15

Streckenprofil

Tipp
Fabrikläden in den alten Industriegebäuden laden zum etwas anderen Shopping ein.

slowUp

slowUp – Region Schaffhausen-Winterthur und übrige Schweiz

Das slowUp-Rezept ist so einfach wie überzeugend: Man nehme rund 30 km Strassen in einer attraktiven Landschaft, sperre sie einen Tag lang für den motorisierten Verkehr und sorge für ein vielseitiges Rahmenprogramm entlang der Strecke. Daraus wird ein Fest, anders als alle anderen: Jung und Alt, Familien und Singles, Bewegungsmenschen und Genussmenschen erleben die fröhliche Stimmung im autofreien Ambiente und tun dabei etwas für ihre Gesundheit. Rund um die Region Schaffhausen-Winterthur laden folgende slowUp zum Bewegen und Geniessen ein:

slowUp Schaffhausen-Hegau
Schaffhausen–Thayngen–Gottmadingen–Buch–Ramsen–Gailingen–Dörflingen–Büsingen–Schaffhausen,
in der Regel zweitletzter Sonntag im Mai

slowUp Zürichsee
Am rechten Zürichseeufer zwischen Schmerikon, Rapperswil-Jona und Meilen,
in der Regel vierter Sonntag im September

slowUp Bodensee Schweiz
Romanshorn–Amriswil–Roggwil–Horn–Arbon–Egnach–Romanshorn,
in der Regel letzter Sonntag im August

slowUp Hochrhein
Laufenburg–Murg–Bad Säckingen–Stein–Kaisten–Laufenburg,
in der Regel dritter Sonntag im Juni

slowUp Werdenberg-Liechtenstein
Buchs–Sevelen–Vaduz–Schaan–Eschen–Ruggell–Frümsen–Gams–Grabs–Buchs,
in der Regel erster Sonntag im Mai

Weitere slowUps existieren in allen Regionen der Schweiz. Die aktuelle Liste aller slowUps, Streckenkarten und Termine sind zu finden unter www.slowUp.ch.

Dank der autofreien Strecke und ihrem möglichst flachen Verlauf sind slowUp ideal für Familien und jene, die das Velo (wieder) entdecken. Tempo und Distanz können individuell gewählt werden. Für An- und Rückreise empfehlen sich Velo, Skates oder der öffentliche Verkehr. Die Teilnahme ist gratis.

slowUp
Die slowUp-Erfolgsgeschichte ist eindrücklich. Im Jahr 2000 fand am Murtensee der erste slowUp in der Schweiz im Rahmen des Projektes «Human Powered Mobility» der Expo.02 statt. Aus der Idee ist in wenigen Jahren ein nationaler Event geworden, einer der grössten, was die Zahl der aktiv Teilnehmenden betrifft. Über 400 000 Personen nahmen im Jahr 2011 an einem der mittlerweile 18 slowUps teil. Die Stiftung SchweizMobil, Gesundheitsförderung Schweiz und Schweiz Tourismus bilden die nationale Trägerschaft von slowUp. Die nationalen Hauptsponsoren sind Migros, SportXX, CSS Versicherung und Rivella.

Kontakt: slowUp
c/o Stiftung SchweizMobil
Spitalgasse 34, 3011 Bern
Tel. 031 318 01 28, info@slowUp.ch
www.slowUp.ch

Auf jeden Fall erfrischend: slowUp im Frühjahr.

velojournal

**Unverwechselbar – das Heft.
Und die velojournal-Website
als Mehrwert.**

Das Magazin velojournal ist die meistverbreitete Schweizer Fachzeitschrift und das Verbandsorgan von Pro Velo. 6-mal jährlich veröffentlicht velojournal die neuesten Trends in Veloförderung, Velotourismus und Freizeit. Praxisnahe Tests, Marktberichte und Tipps runden den Magazin-Inhalt ab.

- Jede Woche auf der Website:
  News und Video der Woche
- Grosses Reiseberichte-Archiv bis 1999
- Testberichte/Markt bis 2004
- Gesammelte V.Love-Kolumnen,
  Velo im Film und vieles mehr ...

www.velojournal.ch

S-Bahnen, Busse und Schiffe
S-Bahn trains, buses and boats

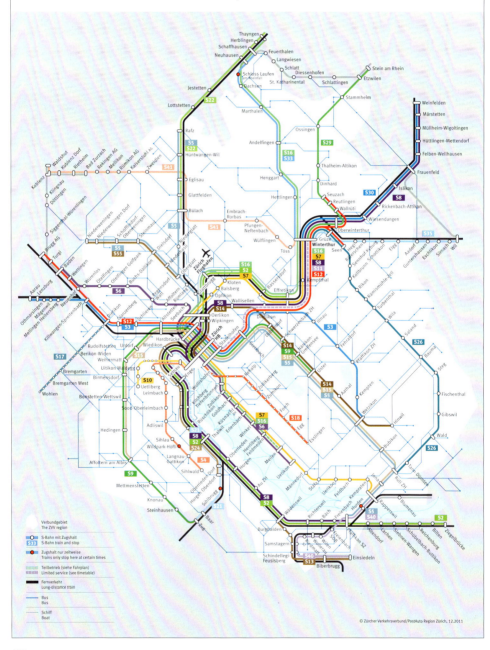

Öffentliche Verkehrsmittel

Mit dem Velo in der S-Bahn, im Bus und auf dem Schiff

Velos können in Fernverkehrszügen, der S-Bahn, auf Schiffen und in Bussen vieler Verkehrsunternehmen im Selbstverlad mitgenommen werden.

Tarife für das Velo in Zügen und Bussen
- Für Velotransporte im Nahbereich fahren Sie am günstigsten mit einem regulären ZVV-Ticket 2. Klasse. Für längere Fahrten lohnt sich eine SBB-Velo-Tageskarte für CHF 12.– (mit GA oder Halbtax) resp. CHF 18.– (Normaltarif).
- Velos von Kindern (6–16 Jahre) werden im Familienverband mit der Junior-Karte, der Enkel-Karte sowie dem GA-Plus Familia gratis befördert.
- Für Tandems, Liegevelos und Dreiräder sind 2 Tickets erforderlich.
- Kleinkindervelos und Kindertrottinets werden gratis befördert.

Spezialbedingungen der einzelnen Unternehmen im Fernverkehr
- Veloverlad im ICN (Zürich-Flughafen– St. Gallen) von Frühlingsanfang bis Ende Oktober reservationspflichtig.

Im Nahverkehr
- SBB (S-Bahn), Stadtbus Winterthur: Montag bis Freitag ist der Selbstverlad von 6 bis 8 Uhr und von 16 bis 19 Uhr nicht erlaubt. www.sbb.ch, www.stadtbus.winterthur.ch
- PostAuto Schweiz AG, VBG Verkehrsbetriebe Glattal AG: Eine Beförderung erfolgt, sofern in den Fahrzeugen genügend Platz vorhanden ist, in der Regel ausserhalb der Stosszeiten. www.postauto.ch, www.vbg.ch
- Verkehrsbetriebe Schaffhausen: Die Beförderung von Velos ist möglich, sofern Platz vorhanden ist. www.vbsh.ch
- Verkehrsbetriebe Zürichsee und Oberland (VZO): Die Beförderung von Velos ist nur auf gewissen Linien möglich. www.vzo.ch
- DB-Linie ins Klettgau: Velotransport möglich. +49 180 5 99 66 33, www.bahn.de
- Schifffahrt Untersee und Rhein: Die Beförderung von Velos ist möglich. Gruppen ab 12 Personen melden sich bitte vorgängig an. www.urh.ch

Einschränkungen
- Bei allen Verkehrsbetrieben gilt: Keine Mitnahmegarantie, wenn kein Platz vorhanden ist.
- In Zügen ist der Veloselbstverlad für Gruppen ab zehn Personen nicht möglich.

Tipps zum Selbstverlad in der S-Bahn
- Die neuen S-Bahnen verfügen über Wagen mit Veloabteilen (Piktogramm an der Türe).
- Das blaue Zuginformationsplakat am Perron zeigt Ihnen, in welchem Sektor der Selbstverladewagen steht.
- Ein mitgebrachter Spanngummi hilft bei Nichtvorhandensein einer Halterung in vielen Zügen oder Bussen.

Auskünfte
ZVV-Contact, Tel. 0848 988 988 (CHF 0.08/min) oder contact@zvv.ch täglich von 6 bis 22 Uhr, www.zvv.ch

Unterwegs mit Velo und Bahn.

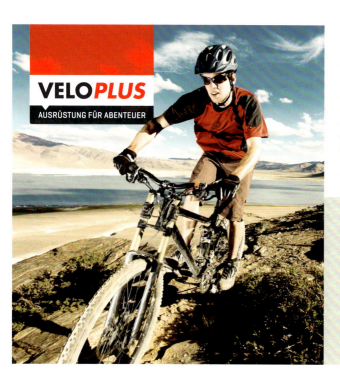

WWW.VELOPLUS.CH
Shop · Bikebörse · Aktionen
Tipps · Wettbewerb · Events

LÄDEN & VELOWELTEN
Basel Leimenstr. 78
Emmenbrücke Oberhofstr. 16
Ostermundigen Bernstr. 65
St. Gallen St. Jakobstr. 87
Wetzikon Rapperswilerstr. 22

GRATIS!
Wert CHF 8.–
8000 Artikel
Tipps · Tests

KATALOG GRATIS BESTELLEN!
SMS: Text **velo, Name** und
Adresse an **9889** (20 Rp./SMS)
Telefon: 0840 444 777
Mail: katalog@veloplus.ch

BACK-ROLLER
Wasserdichte Hinterrad-Packtaschen

5 Jahre Garantie
Made in Germany
www.ortlieb.com

DER Klassiker!

bewährtes
Quick-Lock1-
Aufhängesystem

robustes Material

große Reflektoren

ideal für Reise
und Einkauf

GECKO SUPPLY Zürich · Tel. 044-2731801

ORTLIEB WATERPROOF

Ausrüstung

Tourenvorbereitung

Fürs Velo
- Mit aufgepumpten Reifen fährt es sich leichter.
- Überprüfen Sie die Bremsen vor der Abfahrt.
- Stellen Sie den Sattel so ein, dass Sie mit den Füssen sitzenderweise knapp den Boden erreichen. Besonders bei Kindern ist ein Neueinstellen öfters notwendig!
- Sollte es einmal spät werden, ist ein funktionierendes Licht notwendig.
- Pumpe und Velo-Reparatur-Set für platte Reifen oder Ersatzschlauch.

Für sich selbst
- Kleidung im Schichtenprinzip, Windschutz
- Sonnenbrille, Sonnenschutz, eventuell Helm (richtig einstellen!)
- Genügend Zwischenverpflegung
- Trinkflasche
- Reiseapotheke
- Sonnenschutzmittel, Mückenschutz
- Halbtaxabo und Juniorkarten für allfällige Etappen per ÖV
- ID oder Pass für Fahrten über die Landesgrenze
- Tourenführer und eventuell ergänzende Karte (z.B. VCS-Velokarte «Schaffhausen-Winterthur» oder «Zürich»)

Gepäck auf dem Velo
Gepäck lässt sich auf dem Velo am einfachsten in Velotaschen oder einem Velokorb transportieren. Ein Rucksack auf dem Rücken tut es zwar für den Tagesausflug auch, macht das Fahren aber wesentlich anstrengender. Alles, was man mitnimmt, muss man auch tragen. Deshalb gilt für Tourenfahrende die Devise «So viel wie nötig, so wenig wie möglich».

Mit der richtigen Vorbereitung wird jede Velotour zu einem Genuss.

Schaffhauserland Tourismus

Herzliche Gratulation

Sie haben sich entschieden, das Schaffhauserland und Umgebung per Fahrrad zu erkunden, und machen es genau richtig. Sie werden dabei abseits der bekannten Highlights Rheinfall, Stein am Rhein und Schaffhausen viele weitere landschaftliche und kulturelle Entdeckungen machen. So werden Sie auch das Schaffhauser Blauburgunderland kennenlernen mit dem grössten zusammenhängenden Weinbaugebiet der Deutschschweiz im Klettgau, den Hügelzügen des Randens und dem Reiat. Wir wünschen Ihnen dabei viel Schnauf!
Sie werden es beim Durchblättern dieses Routenführers schon bemerkt haben – das Schaffhauserland hält viele Sehenswürdigkeiten und Erlebnisse für Sie bereit. Und weil oft ein einziger Tag nicht ausreicht, alles zu sehen, hier unser Tipp: Machen Sie aus einem Tag zwei oder drei: Übernachten Sie, und verbringen Sie erholsame Kurzferien in der Region!

Besuchen Sie zur Vorbereitung unsere Website, auf welcher Sie Unterkünfte, konkrete Angebote und weitere Tourenvorschläge finden!
Gerne beraten wir Sie auch persönlich in den Tourismusbüros in Schaffhausen, in Stein am Rhein und im Infoshop am Rheinfall. Wir freuen uns auf Sie!

Schaffhauserland Tourismus
Herrenacker 15
8201 Schaffhausen
Tel. 052 632 40 20
info@schaffhauserland.ch
www.schaffhauserland.ch

Rheinbrücke bei Feuerthalen, Blick auf Schaffhausen mit dem Munot.

Sicherheit und Regeln

Fahren Sie gut

Wichtige Verkehrsregeln

- Radwege und gemeinsame Rad-Geh-Wege sind benutzungspflichtig – Rücksicht gegenüber FussgängerInnen und langsameren Velofahrenden ist hier geboten.
- Rechts fahren gilt auch auf Radwegen.
- Allgemeines Fahrverbot gilt auch für Velofahrende.
- Nebeneinander fahren ist auf Radwegen erlaubt.
- Kinder dürfen bis zum Schulalter auf dem Trottoir fahren. Ihre Kindervelos gelten dann als FäG (fahrzeugähnliche Geräte).
- Fahren Kinder ab Schuleintritt auf der Fahrbahn, muss ihr Velo strassentauglich sein (Bremse, Glocke, Leuchtpedale, Schluss- und Vorderlicht, Rückstrahler hinten und vorne, Schloss).
- Die Velovignette wird 2012 abgeschafft. In Haftungsfällen ist die private Haftpflichtversicherung zuständig.

So fahren Sie sicher

- Genügend Abstand zum Strassenrand und zu parkierten Autos (ca. 70 cm) halten.
- Im Zweifelsfall bei Kreuzungen nicht rechts vorfahren – der tote Winkel birgt grosse Gefahren.
- Im Kreisel in der Mitte der Fahrspur fahren.
- Beim Linksabbiegen: Blick zurück, gut sichtbares Handzeichen und einspuren. Mit Kindern allenfalls besser am rechten Strassenrand anhalten und die Strasse dann bei freier Fahrt überqueren.
- In der Dämmerung und nachts nur mit eingeschaltetem Licht fahren. Helle Kleider und reflektierende Materialien machen Sie besser sichtbar.
- In Gruppen fährt im Idealfall am Anfang und am Schluss je eine erfahrene Person. Genügend Abstand zum vorderen Velo ist wichtig, um Ausweichmanöver und Auffahrunfälle zu vermeiden.

ANZEIGE

Sicher im Sattel und gut unterwegs!
Mit den **Velofahrkursen** der Pro Velo für Kinder und Erwachsene.

Anmeldung: www.pro-velo.ch

OO PRO VELO

Irchel-Bike-Trophy

Bikeplausch zwischen Rhein und Thur

Mountainbiken ohne Rennhektik: Die Irchel-Bike-Trophy ist dafür der ideale Event. Gerade auch Familien mögen den fröhlichen Anlass in grandioser Landschaft mit individuellem Start und ohne Zeitmessung.

2012 geht die Irchel-Bike-Trophy bereits in die neunte Runde. Anfangs waren 34 Biker dabei, inzwischen sind es über 700. Mitmachen können alle, die sich gern auf dem Velo und in der Natur bewegen: anspruchsvolle Biker, PlauschfahrerInnen, Familien mit Kindern und auch Menschen mit Behinderung.

Die 44-Kilometer-Originalstrecke kann auf 32 Kilometer abgekürzt werden und bietet herrliche Naturerlebnisse. Von der Bachlandschaft rund um Flaach geht es hinter dem Schloss Eigental stetig, aber moderat bergauf. Herrlich der Blick hinunter nach Berg am Irchel. Dann «klettert» man etwa 10 Kilometer hinauf zum Rütelbuck, mit 676 Metern der höchste Punkt der Tour, der eine spektakuläre Rundsicht bietet. Unter Schatten spendenden Bäumen führt die Route über packende Singletrails und wunderschöne Gratabfahrten hinunter an den Rhein. Entlang den Flussauen hinüber zur Thurmündung, über die Ellikoner Brücke, vorbei an einem Biberbau und über ein paar kürzere Rampen geht es zurück, hinunter ins Flaachtal.

Selbstverständlich gibt es ein Rahmenprogramm, Verpflegungsmöglichkeiten und neu auch die Möglichkeit, Bikes zu testen.

Irchelrundfahrt das ganze Jahr

Die Strecke der Irchel-Bike-Trophy lässt sich natürlich auch individuell das ganze Jahr über befahren. Ein idealer gemeinsamer Ausflug für Velogruppen mit Strassen- oder MountainbikefahrerInnen. Die einen rollen geruhsam auf den kleinen Strassen, die andern geniessen die Herausforderung auf sportlichen Waldwegen.

Auf dem Tourenblatt «Rund um den Irchel» (Nr. 18) ist die Strecke als Variante eingezeichnet. Da die Streckenführung nur während des Rennens ausgeschildert ist, empfiehlt es sich, eine Karte im Massstab 1:25 000 mitzunehmen.

Wegbeschreibung

Ein detaillierter Tourenbeschrieb ist als PDF unter www.provelozuerich.ch erhältlich.

Sommerliche Irchel-Bike-Trophy.

Irchel-Bike-Trophy
Datum: jeweils Anfang Juli
Start und Ziel: Flaach
Strecken: Originalstrecke (44 km), verschiedene verkürzte Strecken.
Startgeld: 18.–
Infos: www.irchelbiketrophy.ch

Unterstützt von den

EINE NEUE ARCHITEKTUR-ERFAHRUNG

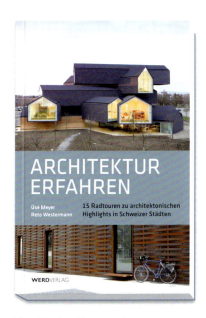

ÜSÉ MEYER UND RETO WESTERMANN

ARCHITEKTUR ERFAHREN
15 Radtouren zu architektonischen Highlights in Schweizer Städten

Der handliche Architektur- und Veloführer gibt Einblicke in die neuere Architekturgeschichte, die sich mit dem Velo innert weniger Stunden einfach besichtigen lassen. Unterwegs auf dem Velo lernt man die Stadt gleich noch aus einer ganz anderen Perspektive kennen. «Architektur erfahren» bietet von der strengen Radtour bis zum Kurzausflug für jeden Geschmack und jeden Fitnessgrad etwas.

Mit zahlreichen Karten und farbigen Abbildungen
176 Seiten, broschiert
ISBN 978-3-85932-657-6
CHF 34.90 / EUR 27.–
(Preisänderung vorbehalten)

buecher@werdverlag.ch
T 0848 848 404 (CH), T 07154 13 270 (D)

Weitere Veloführer finden Sie in unserem Buchshop www.werdverlag.ch

Winterthur Tourismus

Winterthur. Die Schweizer Kunststadt.

Mit seinen Kunstsammlungen von Weltruf und Baudenkmälern, seiner quicklebendigen Altstadt und der aktiven Musik- und Comedyszene bietet Winterthur ein wahres Feuerwerk der Kultur. Aber auch der Natur. Denn grosszügige Parkanlagen und Gärten bescheren der sechstgrössten Schweizer Stadt einen verführerischen Mix aus grossstädtischem Flair und kleinstädtischer Natürlichkeit.

Hochstehende Kunst und Kultur

Keine andere Schweizer Stadt bietet so viele bedeutende Kunstwerke. Zehntausende von Kunstliebhaberinnen und -liebhabern aus der ganzen Welt reisen jährlich nach Winterthur, um die berühmten Gemälde zu sehen. Bestaunen Sie im Museum Oskar Reinhart am Stadtgarten «Kreidefelsen auf Rügen» von Caspar D. Friedrich. Winterthur pulsiert in der pittoresken Altstadt. Musikfestwochen, Afro-Pfingsten, Klassik-Openair Kyburgiade und Kunstherbst mit Open Doors, Jungkunst und Internationalen Kurzfilmtagen laden ein zu stimmungsvollen Momenten. Winterthur ist aber auch die Schweizer Hauptstadt der Fotografie dank der Fotostiftung Schweiz und dem Fotomuseum Winterthur. Hier erwarten Sie fotografische Leckerbissen, die weit über die Landesgrenzen hinaus anziehen besitzen.

Über 100 Restaurants und Cafés

Winterthur bietet seinen Gästen nicht nur eine pittoreske Altstadt, wo es sich wunderbar flanieren und einkaufen lässt, sondern auch eine Fülle an kulinarischen Freuden in

1 | Winterthur, die Schweizer Kunststadt.
2 | Unterwegs mit dem Audioguide.
3 | Musikfestwochen.
4 | Begreifbare Phänomene im Technorama.

Auf der Nordostschweizer Kulturroute vorbei am Schloss Kyburg.

historischem Ambiente. Dinieren Sie beispielsweise romantisch in einem Schloss aus dem 17. Jahrhundert.

Erlebnisse
Der zweistündige Rundgang durch die Winterthurer Altstadt sorgt dank audiovisuellem Führer für die richtigen Eindrücke und einige Überraschungen. Denn er führt nicht nur zu den wichtigsten Sehenswürdigkeiten, sondern auch zu versteckten Brunnen und in lauschige Hinterhöfe. Sie erhalten den Guide bei Winterthur Tourismus im Hauptbahnhof.
Über 250 000 Besucher erwartet das Swiss Science Center Technorama jährlich. Ihnen steht die Welt der begreifbaren Phänomene offen. 500 Experimentierstationen warten darauf, entdeckt zu werden. Anfassen unbedingt empfohlen.

Winterthur Region
Aus der Gartenstadt Winterthur ist es immer nur ein Katzensprung in die Natur. Diese lässt sich besonders gut entdecken mit dem Fahrrad. Entdecken Sie das Zürcher Weinland mit seinen authentischen und gepflegten Dorfkernen oder das Zürcher Unterland an idyllischen Ufern des Hochrheins.

 Jetzt die kostenlose City Guide App laden:
www.winterthur-tourismus.ch/app

Kontakt
Buchen Sie jetzt gebührenfrei über 50 Übernachtungsmöglichkeiten bei:
Winterthur Tourismus,
Im Hauptbahnhof, Winterthur,
Tel. 052 267 67 00
www.winterthur-tourismus.ch

Stein am Rhein

Ganz oben in der Schweiz.
Nach allen Seiten offen und vernetzt.

Wir freuen uns auf Ihren Besuch.

Herzlich willkommen!
Stadt Stein am Rhein

Platten flicken unterwegs

Die kinderleichte Schritt-für-Schritt-Anleitung für unterwegs – damit kann in den meisten Fällen auf die Hilfe des Velomechanikers verzichtet werden.

1. Benötigtes Material bereitlegen
- ein Set Veloflickzeug (Flicken, Gummilösung, Schleifpapier), alternativ einen Ersatzschlauch
- Pneuhebel aus Kunststoff
- eine Pumpe

2. Schlauch ausbauen
Beim herausgenommenen Rad (meistens Schnellspanner; Achtung, je nachdem müssen die Bremsen ausgehängt werden) mit den Pneuhebeln den Reifen auf einer Seite über die Felgenflanken ziehen. Ventilschraube lösen und den Schlauch herausziehen.

3. Loch suchen
Schlauch aufpumpen, meist spürt man durch den Luftstrom, wo das Loch ist. Mit einem Kugelschreiber ein Fadenkreuz um das Loch markieren, damit man nachher noch weiss, wo es ist, wenn die Luft wieder draussen ist.

4. Ursache suchen (Bild 1)
Reifen-Innenseite abgreifen, nach der Ursache (Dornen, Glassplitter, Nägel etc.) suchen, sonst nützt alles Flicken des Schlauches nichts.

5. Schlauch aufrauen
Den Schlauch um das Loch herum mit Schleifpapier aufrauhen. Klebefläche sauber und trocken halten.

6. Gummilösung auftragen
Eine dünne Schicht Gummilösung, etwas grösser als der Flicken, auftragen. Und nun das Wichtigste: Warten, bis die Lösung trocken ist (erkennbar am matten Farbton), sonst klebt der Flicken nicht.

7. Flicken aufkleben (Bild 2)
Flicken von der Trägerfolie entfernen (Klebefläche nicht berühren) und aufkleben. Flicken sehr gut andrücken. Hat sich der Flicken mit dem Schlauch verbunden, lässt sich die obere Schutzfolie ablösen. Schlauch aufpumpen und prüfen, ob nun alles dicht ist.

8. Schlauch montieren (Bild 3)
Luft ablassen, bis der Schauch noch gut in Form ist und einfach zwischen Pneu und Felge eingelegt werden kann. Offene Pneuseite wieder über die Felge ziehen. Entwder mit Pneuhebeln oder von Hand Pneu Schritt für Schritt über die Felgenwand ziehen. Darauf achten, dass der Schlauch nicht eingeklemmt wird.

Text: Marius Graber, velojournal
Fotos: Marcel Kaufmann

IWC

INTERNATIONAL WATCH CO. SCHAFFHAUSEN
SWITZERLAND, SINCE 1868

Annegreth Eggenberg
& Anita Schwegler
Schützengraben 27
8200 Schaffhausen
Tel. 052 625 42 49

Einmalige Kombination
Restaurant und Bühne,
Gemütlichkeit und Tradition

www.schuetzenstube.ch

Lassen Sie Sich verwöhnen mit unserer, an die Slow food angelehnte, regionale, weltoffene Saisonküche, in unkompliziertem, traditionellen Ambiente, wo auch Vegetarier/innen voll auf ihre Kosten kommen.

Der beste Wein zu den schönsten Velostrecken der Region.

E-Bike-Touren

Unterwegs im Flyer-Land

Es gibt wohl kaum ein Land, das so viele Sehenswürdigkeiten und Naturdenkmäler auf engstem Raum bietet wie die Schweiz. Von den malerischen Altstädten ist es meist nur ein Katzensprung zu atemberaubenden Naturschönheiten mit wilden Schluchten, tosenden Wasserfällen und unberührten Alpweiden.

2003 wagte Biketec AG den ersten Schritt in eine Ferienregion. Seither zieht der Einsatz der Flyer im Tourismus immer weitere Kreise. Die Schokoladenseite des Fahrradfahrens kann inzwischen in zahlreichen Tourismusregionen erlebt werden.

Im Flyer-Land Schweiz – dem Netzwerk von über 350 Vermiet- und 600 Akkuwechselstationen – stehen in allen Landesteilen rund 2000 Miet-Flyer für Ihre ganz spezielle Entdeckungstour zur Verfügung. Sie mieten einen Flyer vor Ort, und ein Netzwerk von Akkuwechselstationen garantiert Ihnen anschliessend nahezu grenzenlosen Fahrspass.

Damit mehr Zeit fürs Entdecken bleibt, empfehlen wir Ihnen für die Planung, sich die interaktiven Karten auf www.veloland.ch von SchweizMobil anzuschauen. Diese zeigen den Verlauf der Routen bis zum Massstab 1:10 000 auf Landeskarten von swisstopo. Sie können diese Karten kostenlos ausdrucken.

Mit dem eigenen Flyer ins Flyer-Land Schweiz?

Sie möchten mit Ihrem eigenen Flyer vom umfangreichen Netz der Akkuwechselstationen profitieren? Nichts einfacher als das: Die Hauptstationen in den Regionen verfügen über zusätzliche Miet-Akkuboxen. Diese sind speziell gekennzeichnet und können kostenlos bei sämtlichen Akkuwechselstationen getauscht werden. Hinterlegen Sie bei einer Hauptstation Ihre eigene Akkubox, und mieten Sie eine entsprechende Miet-Akkubox. So steht Ihrer mehrtägigen Flyer-Tour nichts mehr im Weg. Alle Premium-Modelle mit Jahrgang 2006 und jünger sind mit den Akkuboxen der Akkuwechselstationen kompatibel.

Neben den Hauptvermietstationen verfügen auch immer mehr Flyer-Center (Händler) über Miet-Akkuboxen für das Flyer-Land Schweiz. Fragen Sie bei Ihrem Flyer-Center nach.

Nähere Infos

Detaillierte Informationen zum Flyer-Land Schweiz finden Sie auf der «Flyer-Land Schweiz»-Karte. Die praktische Übersichtskarte können Sie bequem via SMS bestellen. Senden Sie das Kennwort [flyerland67] zusammen mit Ihrem Namen und Ihrer Adresse an 919 (20 Rp./SMS) und Sie erhalten Ihre FLYER-Land Schweiz kostenlos per Post.

Biketec AG

Schwende 1, 4950 Huttwil BE,
Tel. 062 959 55 55,
info@flyer.ch, www.flyer.ch

Mit dem Flyer die Region entdecken.

DIE SCHÖNSTEN VELOTOUREN VOR IHRER HAUSTÜR

PRO VELO BEIDER BASEL (HRSG.)
Veloland Basel
Die 25 schönsten Velotouren im Dreiland
ISBN 978-3-85932-642-2

PRO VELO KANTON BERN (HRSG.)
Veloland Bern
Die 25 schönsten Velotouren in der Region Bern
ISBN 978-3-85932-641-5

PRO VELO KANTON ZÜRICH (HRSG.)
Veloland Zürich
Die 29 schönsten Velotouren in der Region Zürich
ISBN 978-3-85932-535-7

PRO VELO REGION ST. GALLEN (HRSG.)
Veloland Ostschweiz
Die 29 schönsten Velotouren in der Ostschweiz
ISBN 978-3-85932-658-3

Alle Führer mit ausklappbaren
Tourenblättern und Karten, Spiralbindung
CHF 34.90 / EUR 27.00
(Preisänderungen vorbehalten)

PRO VELO GENÈVE (ÉD.)
L'Arc lémanique à vélo
25 belles balades
ISBN 978-3-85932-659-0

WERDVERLAG

buecher@werdverlag.ch,
T 0848 848 404 (CH), T 07154 13 270 (D)
Weitere Veloführer finden Sie in unserem
Buchshop www.werdverlag.ch

Index

- Baden
- Kultur
- Natur
- Velofachgeschäfte

Index Baden

Baden in See und Fluss. Es gibt nichts Schöneres, als nach dem Velofahren ins kühle Nass zu springen. Nachfolgend finden Sie schöne Bademöglichkeiten in Seen, Flüssen, Frei- und Schwimmbädern, mit Verweisen zu den Tourenvorschlägen (Nummern).

Am Bodensee
Dingelsdorf, Strandbad ... 7
Konstanz-Staad ... 7
Litzelstetten, Strandbad ... 7
Markelfingen beim Naturfreundehaus ... 6
Mettnau, Strandbad ... 6
Radolfzell, Seebad ... 6
Wallhausen, Strandbad ... 7

In kleinen Seen
Bichelsee, Strandbad ... 20
Greifensee, Strandbad Niederuster ... 26
Greifensee, Bad Furren in Greifensee ... 26
Hüttwilersee, Strandbad ... 12, 13
Husemersee, bei Ossingen ... 11, 15
Katzensee, Freibad ... 24
Mettmenhaslisee, Niederhasli ... 23
Mindelsee ... 7
Nussbaumersee, Badestelle ... 12, 13
Pfäffikersee, Strandbad Auslikon ... 26
Seegräben, Badestelle am Pfäffikersee ... 27

In Flüssen: Am Rhein
Bibermühle ... 2, 12
Büsingen, Strandbad ... 2
Dachsen, Rhein- und Freibad ... 8, 15
Eglisau, Rheinbadi ... 10
Ellikon a. Rhein, am deutschen Ufer ... 11
Gailingen, Strandbad ... 2, 12, 14
Schaarenwiese ... 2
Schaffhausen, Rhybadi ... 8, 14, 15
Stein am Rhein, Strandbad ... 12
Teufen, Tössegg ... 17

In der Limmat
Zürich, Flussbäder oberer und unterer Letten ... 24
Zürich Höngg, Werdinsel, im Limmatkanal ... 23
Spreitenbach, Limmatinsel ... 23

An der Thur
Thalheim an der Thur, beim Asperhof ... 15

Schwimmbäder
Andelfingen, Schwimmbad ... 11
Baden, Thermalbad ... 22
Bauma, Hallenbad ... 29
Elgg, Freibad ... 20
Flaach, Schwimm- und Flussbad ... 18
Glattfelden, Schwimmbad ... 16
Hettlingen ... 19
Hofen, Reiatbadi ... 4
Hohentengen, Schwimmbad ... 16
Lauchringen, Freibad ... 9
Merishausen, Freibad ... 3
Neftenbach, Freibad ... 17
Neuhausen, Freibad Otternstall ... 1
Neunkirch, Schwimmbad ... 1
Niederweningen, Bad Sandhöli ... 22
Rafz-Wil, Schwimmbad ... 10
Rorbas-Freienstein ... 18
Schaffhausen, Rhybadi ... 1
Singen, Aachbad ... 5
Steg, Schwimmbad ... 29
Thayngen, Schwimmbad Büte ... 5
Tiengen, Freibad ... 9
Turbenthal-Wila, Freibad Neuguet ... 28, 29
Unterstammheim, Schwimmbad Röhrli ... 11
Wiesendangen, Freibad ... 19
Winterthur, Hallen- und Freibad Geiselweid ... 21
Winterthur, Schwimmbad Wülflingen ... 21

Unterschiedliche Badeorte laden ein.

RIVER BIKE

Rathausplatz 15
CH-8260 Stein am Rhein
· Miet- & Testbikes
· Bike- & Radtouren
· Bekleidung & Zubehör
· Verkauf & Reparaturen
riverbike.ch
info@riverbike.ch
Fon: ++41 (0)52 741 55 41
Fax: ++41 (0)52 741 55 54

Index Kultur

Auf den vorgeschlagenen Touren lässt sich vieles entdecken – so wird aus der Velotour mehr als ein sportlicher Ausflug. Die aufgeführten Nummern verweisen auf die beschriebenen Touren.

A bis Z

Kirchen, Burgen etc.

Glanzenberg, Ruine und Wüstung	23
Hallau, Bergkirche St. Moritz	1
Hilzingen, Kirche St. Peter und Paul	5
Klingenzell, Wallfahrtskirche	12
Kloster Fahr	23
Kyburg, Schloss Kyburg	19
Laufen, Schloss Laufen am Rheinfall	8, 14, 15
Mägdeberg, Burg	5
Neftenbach, Schlösschen Wart	19
Paradies, Klostergut	2
Pfäffikon, Römerkastell Irgenhausen	26
Rheinau, Klosterkirche	8, 14
Teufen, Altes und Neues Schloss	17
Warth, Kartause Ittingen	13
Winterthur, Mörsburg	15, 19

Sehenswerte Ortschaften

Baden	22
Benken	15
Dachsen	8
Diessenhofen	2, 12
Eglisau	10
Freudwil	26
Greifensee	26
Kaiserstuhl	16
Konstanz (D)	7
Marthalen	11
Ossingen	15
Pfäffikon ZH	26
Radolfzell (D)	6
Rafz	10
Regensberg	22
Rudolfingen	15
Stammheim	12
Stein am Rhein	11, 12, 13

Entspannendes Verweilen, wie hier an der Limmat.

Index Kultur

Tengen (D)	4
Tiengen (D)	9
Trüllikon	15
Wald	29

Museen, Ausstellungen, Events

Blauburgunderland, Herbstsonntage	1
Buch, alte Gattersäge	5
Buchs, Quarzsand-Bergwerk	23
Frauenfeld, Historisches Museum Thurgau	13
Hallau, Weinbaumuseum	1
Neftenbach, Weinbaumuseum	18
Niederweningen, Mammutmuseum	22
Schaffhausen, Museum zu Allerheiligen	14
Schaffhausen, Hallen für Neue Kunst	15
Singen, Hegau-Museum	5
Stein am Rhein, Museum Lindwurm	13
Thayngen, Reiatmuseum	6
Winterthur, Fotomuseum	21
Winterthur, Galerie Weiertal	19
Winterthur, Naturmuseum	14
Winterthur, Technorama	15, 21

Diverses

Bauma, Dampfbahn Bauma–Hinwil	25, 27
Dietikon, Trampolino	23
Eglisau, Kraftwerk	16, 24
Ellikon am Rhein, Rollfähre über den Rhein (auch inkl. Velo)	11
Feld- und Werkbahn, Fahrzeugpark	22
Kesslerloch	4
Kollbrunn, Kohleloch (ehemaliger Kohleabbaustollen)	19
Kloten, Flughafen Zürich	24
Neuhausen am Rheinfall, Seilpark	8
Ottikon, Grabhügel-Nekropole	27
Oberlauchringen, Wasserräder	9
Rikon, Winterquartier Circolino Pipistrello, mit Spielplatz	29
Schmerlat, Segelflugplatz	1
Tösstal, Industrielehrpfad Bauma–Wetzikon	27
Winterthur, Industriekultur-Weg	21
Zürich, ETH Hönggerberg	24
Zürich, Zürich West (Viaduktbögen, Prime Tower etc.)	24

ANZEIGE

Index Natur

Erlebnisse in der Natur gehören beim Velofahren dazu. Wiesen und Bäume am Wegrand verändern ihr Aussehen je nach Jahreszeit. Im Folgenden finden Sie Tipps und Anregungen, wie sich die eine oder andere Velotour bereichern lässt. Die aufgeführten Nummern verweisen auf die beschriebenen Touren.

Naturschutzgebiete
Alp Ergeten ... 28
Bargen, Tannbüel ... 11
Beggingen, Jubiläumswald ... 8
Bibermühle ... 2
Dättlikon, Teich ... 17
Dietikon, Naturschutzgebiet
Altläufe Limmat ... 23
Hegauvulkane ... 4, 5
Katzensee ... 24
Mettnau am Bodensee ... 6
Morgetshoferweiher ... 2
Neeracherried ... 16
Randenhochfläche ... 3
Schaaren, Naherholungsgebiet ... 2
Seebachtal ... 12

Aussichtspunkte
Buchberg ... 10
Hallauerberg ... 9
Hagenturm ... 3
Klingenzell ... 12
Rheinfall ... 14, 15
Sädelegg ... 28

Mit dem Velo durch die Natur – ein tolles Gefühl.

Naturzentren etc.
Agasul, Freibergertage ... 25
Albführen, Hofgestüt ... 10
Allensbach, Wild- und Freizeitpark ... 7
Flaach, Thurauen mit Naturzentrum ... 11, 18
Insel Mainau ... 7
Mönchaltorf, Naturstation Silberweide ... 26
Tössegg–Rüedlingen, Biberpfad
des WWF ... 17, 18
Töss, Wasserlehrpfad ... 20
Unterstammheim, Hopfenlehrpfad ... 11
Wila (Tablat), Vivarium ... 28, 29
Winterthur, Eulachpark (moderner
Park auf ehemaligem Industrieareal) ... 21

ANZEIGE

RESTAURANT ZUM BUCK
Helen und Matthias Rapold
8462 Rheinau
Tel. 052 / 319 12 68

**Geniessen in der schönsten Gartenwirtschaft
weit und breit oder in der gemütlichen Gaststube.
Unser Motto: Frisch regional saisonal
und hausgemacht!**

WWF Biberpfad am Rhein

Der Biber ist im Vormarsch. Seine Spuren sind allgegenwärtig – oft an unerwarteten Stellen. Der WWF-Biberlehrpfad am Rhein vermittelt an 10 Stationen einen einzigartigen Einblick in Lebensraum und Lebensweise des grössten europäischen Nagetiers. Interaktive Elemente und Quizfragen sprechen auch Kinder an und geben auf spielerische Weise Anregung zum eigenen Beobachten und Entdecken.

Start und Ende des Biberpfades befinden sich bei den Schiffsstegen Tössegg und Rüdlingen. Der Pfad kann ganzjährig und in beide Richtungen begangen werden.

Länge des Biberpfades: 4 km, Naturwege
Zeitbedarf: rund 3 Stunden

Infos unter:
www.wwf-zh.ch/biber
WWF Zürich | Hohlstr. 110 | 8010 Zürich

Für mehr Natur – überall!
www.pronatura.ch/zh

Velofachgeschäfte

B
Bauma, Rensch Bike Sport GmbH,
Sennhüttenstrasse 7, 052 386 22 11
Beringen, Randen Bike GmbH,
Schaffhauserstrasse 237, 052 685 14 25
Berwangen, Bike Werkstatt Wuchner,
zum Sonnenberg 4, +49 (0) 7745 9227 13
Bülach, Birrer 2-Rad Sport,
Allmendstrasse 34, 044 860 37 58
Bülach, Birrer Velos Motos,
Hertiweg 19, 044 860 47 03
Bülach, Krauer's Radstudio,
Berglistrasse 1, 044 860 94 04

D
Dielsdorf, Müller Jack,
Wehntalerstrase 28, 044 853 13 44
Diessenhofen, Pro Cycle Shop Ullmann,
Hauptstrasse 14, 052 657 51 14

E
Eglisau, Velos/Radsport Paul Hebeisen,
Zürcherstrasse 17, 044 867 19 40
Elgg, Velo Kägi,
Vordergasse 16, 052 364 17 15
Elsau, Salvadori Cicli,
St. Gallerstrasse 107, 052 363 22 77
Eschenz, A. Jud, Velos – Motos,
Alte Bahnhofstrasse 2, 052 741 31 55

F
Fehraltorf, Tröhler Velo Sport,
Sennhüttenweg 3, 044 995 68 60
Flaach, Velo Glauser GmbH,
Andelfingerstrasse 7, 052 318 15 36
Frauenfeld, Pedalerie GmbH,
Schlossmühlestrasse 9, 052 722 45 49

G
Glattfelden, Hedinger Robert,
Laubbergstrasse 6, 044 867 38 38
Gütighausen, Niefi Motos Velos,
beim Schulhaus 10, 052 336 18 68

H
Hallau, Rich Hans, Velocenter,
Wunderklingerstrasse 14, 052 681 10 75
Henggart, Dynamoo,
Oberwilerstrasse 5, 052 316 44 20
Hilzingen, Biber Radsporttechnik,
Hombollstrasse 9, +49 (0) 7731 13554
Hüttwilen, H. Ammann, Velos – Motos,
Dorfstrasse 1, 052 747 11 08

K
Kollbrunn, Morof 2-Rad Sport,
Dorfstrasse 9, 052 383 11 42
Konstanz, Rad-Center Paradies,
Untere Laube 32, +49 (0) 7531 16053
Konstanz, Radport Radial GmbH,
Inselgasse 13, +49 (0) 7531 22532

M
Marthalen, Imbaumgarten Peter,
Velos&Mofas, Talstrasse 4, 052 319 10 11
Merishausen, Velo-Sport Russenberger,
Kirchgasse 2, 052 653 15 48

N
Neftenbach, Waser Daniel,
Alte Schaffhauserstrasse 8, 052 315 18 77
Niederhasli, Maag Velos – Motos,
Dorfstrasse 16, 044 850 16 07
Neuhausen, Maurer Erich, Velos – Mofas,
Klettgauerstrasse 48, 052 672 33 19
Neuhausen, Flückiger Peter, Velos – Motos,
Rheingoldstrasse 5, 052 672 13 85

ANZEIGE

Der velofreundliche Verkehrs-Club

www.vcs-sh.ch   www.verkehrsclub.ch

Velofachgeschäfte

P
Pfäffikon, Velo Schälli,
Hochstrasse 75, 044 950 26 07
Pfungen, Rolis Bike Station Hoffmann,
Riedäckerstrasse 2 (Bahnhof),
052 315 60 40

R
Radolfzell, Mees Friedemann,
Höllturm-Passage 1, +49 (0) 7732 2828
Radolfzell, Zweirad Joos,
Schützenstrasse 11, +49 (0) 7732 82 36 80
Radolfzell-Mettnau, rad + tat radsport,
Scheffelstrasse 10A, +49 (0) 7732 97 94 02
Rafz, Schweizer Robert, Velos – Motos,
Märktgass 2, 044 869 05 71
Ramsen, Rupp Motos GmbH,
Petersburg, 052 743 16 75
Rikon, Gratis Veloflicki, immer offen,
mit einem Sammelsurium von Ersatzteilen,
direkt am Veloweg, 052 383 21 57
Russikon, Mac Bike,
Madetswilerstrasse 2, 044 955 18 91

S
Saland, Gubler's 2 Zweirad,
im Bahnhof Saland, 052 386 37 70
Schaffhausen, Charly Sport,
Hohlenbaumstrasse 99, 052 625 10 44
Schaffhausen, Leu Velos,
Rosengässchen 3, 052 625 49 10
Schaffhausen, Pedale GmbH,
Rheinstrasse 30, 052 620 27 17
Schaffhausen, Velokurier Oekotrans GmbH,
Neustadt 20, 052 620 11 11
Schaffhausen, Radsport Schumacher,
Lochstrasse 6, 052 625 05 77
Schaffhausen, Schopper Velos – Motos,
Herblingerstrasse 26, 052 643 25 20
Singen, Fahrrad Graf,
Hauptstrasse 52, +49 (0) 7731 62227
Stein am Rhein, River Bike,
Rathausplatz 15, 052 741 55 41

T
Thayngen, Velo Narr,
Im Gatter 6, 052 649 31 39
Trasadingen, Velo-Doktor Weder AG,
Bahnhofstrasse 109, 052 681 22 64
Turbenthal, Benis Velo- und Sport-Shop,
Girenbadstrasse 1, 052 385 35 35,
www.benisvelo.ch
Turbenthal, Nüssli Radsport,
St. Gallerstrasse 37, 052 383 22 66

U
Unterstammheim, Velosport Fridolin Keller,
Wetti 17, 052 745 23 79
Uster (Niederuster), Chälbli,
Seestrasse 98, 043 277 06 66

W
Wald, 2-Rad Sport,
Tösstalstrasse 40, 055 246 45 15
Wettingen, Bauer Sport AG,
Landstrasse 133, 056 426 15 17
Wetzikon, Velo Center Camastral,
Buchgrindelstrasse 26, 044 930 44 25
Wiesendangen, Chollet René,
Schulstrasse 39, 052 337 20 30
Wil ZH, Röbis Veloshop,
Bacherwiesstrasse 17, 044 869 23 85
Winterthur, Arno's kleine Velowerkstatt,
Schaffhauserstrasse 71, 052 212 11 55
Winterthur, Bikestop, Salzhaus beim HB,
Untere Vogelsangstrasse 2, 052 214 25 25
Winterthur, E. Schwaller AG,
Römerstrasse 197, 052 242 51 51
Winterthur, Tretlager 42 GmbH,
Bahnmeisterweg 12, 052 202 80 20
Würenlos, Bike Corner,
Landstrasse 39, 056 424 37 47
Wutöschingen, Timmo Preiser, Fahrradservice,
Degernaustrasse 24, +49 (0) 7746 92 74 42

Z
Zürich, Velocittà,
Neugasse 31, 043 818 28 29

Raiffeisen-Bancomaten

Ort	Standort	Raiffeisenbank
Aadorf	Gemeindeplatz 3	Aadorf
Andelfingen	Thurtalstrasse 4	Weinland
Baden	Stadtturmstrasse 5	Lägern-Baregg
Baden	Bahnhof SBB	Lägern-Baregg
Bad Zurzach	Baslerstrasse 2A	Aare-Rhein
Balterswil	Hauptstrasse 38	am Bichelsee
Basadingen	Rychgass 2	Untersee-Rhein
Bassersdorf	Klotenerstrasse 20	Oberembrach-Bassersdorf
Buchberg	Dorfstrasse 20	Züri-Unterland
Bülach	Marktgasse 7	Züri-Unterland
Dänikon	Hauptstrasse, Gemeindehaus	Würenlos
Diessenhofen	Steinerstrasse 10	Untersee-Rhein
Dietikon	Bahnhofstrasse 5	an der Limmat
Dübendorf	Wallisellenstrasse 7a	Zürich Flughafen
Eglisau	Roggenfarstrasse 1	Züri-Unterland
Ehrendingen	Dorfstrasse 14	Lägern-Baregg
Elgg	Vordergasse 12	Aadorf
Embrach	Dorfstrasse 76	Zürich Flughafen
Eschenz	Frauenfelderstrasse 4	Untersee-Rhein
Fischenthal	Oberhof 4	Goldingen-Wald
Frauenfeld	Bahnhofstrasse 75, Bahnhof	Frauenfeld
Frauenfeld	Schaffhauserstrasse 74	Frauenfeld
Frauenfeld	Zürcherstrasse 162	Frauenfeld
Gossau	Grütstrasse 51	Zürcher Oberland
Guntalingen	Dorfstrasse 32	Guntalingen-Neunforn
Hallau	Hauptstrasse 13	Schaffhausen
Herdern	Frauenfelderstrasse 4	Seerücken
Höri	Wehntalerstrasse 47	Züri-Unterland
Hüttwilen	Hauptstrasse	Seerücken
Kaiserstuhl	Bahnhofplatz 64	Surbtal-Wehntal
Kleinandelfingen	Weinlandstrasse 2	Weinland
Kloten	Schaffhauserstrasse 151	Zürich Flughafen
Koblenz	Bahnhofstrasse 7	Aare-Rhein
Neerach	Zürcherstrasse 17	Züri-Unterland
Neuhausen	Poststrasse 9	Schaffhausen
Niederweningen	Sägeweg 2	Surbtal-Wehntal
Oberembrach	Jakob Bosshart-Strasse 2	Oberembrach-Bassersdorf
Oberneunforn	Hauptstrasse	Guntalingen-Neunforn
Pfäffikon ZH	Bahnhofstrasse 7	Zürcher Oberland
Regensdorf	Watterstrasse 31	Züri-Unterland
Rheinau	Ochsengasse 1	Weinland
Rikon	Bahnhof Rikon	am Bichelsee

Ort	Standort	Raiffeisenbank
Schaffhausen	Bahnhof	Schaffhausen
Schaffhausen	Bahnhofstrasse 30	Schaffhausen
Schlatt TG	Mettschlatterstrasse 6	Weinland
Schleitheim	Schaffhauserstrasse	Schaffhausen
Schlieren	Zürcherstrasse 18	an der Limmat
Schlieren	Urdorferstrasse 100, Spital	an der Limmat
Schneisingen	Dorfstrasse 22	Surbtal-Wehntal
Schöfflisdorf	Wehntalerstrasse 19	Surbtal-Wehntal
Schwerzenbach	Bahnhofstrasse	Zürich Flughafen
Seuzach	Stationsstrasse 24	Winterthur
Trüllikon	Diessenhoferstrasse 11	Weinland
Turbenthal	Tösstalstrasse 64	am Bichelsee
Uhwiesen	Schloss Laufen	Weinland
Uster	Bahnhofstrasse 2	Zürcher Oberland
Volketswil	Industriestrasse 16a	Zürich Flughafen
Wagenhausen	Hauptstrasse, beim Volg	Untersee-Rhein
Wald	Bahnhofstrasse 37	Goldingen-Wald
Wallisellen	Bahnhofstrasse 1	Oberembrach-Bassersdorf
Wallisellen	Schwarzackerstrasse 1	Oberembrach-Bassersdorf
Wettingen	St. Bernhardstrasse 4	Lägern-Baregg
Wetzikon	Bahnhofstrasse 143	Zürcher Oberland
Wiesendangen	Dorfstrasse 47	Aadorf
Winterthur	Frauenfelderstrasse 9	Winterthur
Winterthur	Bahnhofplatz 15	Winterthur
Würenlos	Schulstrasse 4	Würenlos
Zürich	Bahnhof Stadelhofen	Zürich
Zürich	Hauptbahnhof	Zürich
Zürich	Limmatquai 68	Zürich
Zürich	Zeltweg 93	Zürich
Zürich-Altstetten	Bahnhof Altstetten	Zürich
Zürich-Oerlikon	Bahnhof Oerlikon	Zürich
Zürich-Oerlikon	Schaffhauserstrasse 336	Zürich
Zürich-Wiedikon	Birmensdorferstrasse 170	Zürich
Zürich-Wollishofen	Albisstrasse 39	Zürich

Die iPhone App – Raiffeisen-Bancomaten und Banken immer in Ihrer Nähe

Finden Sie mit Ihrem iPhone auch unterwegs immer die nächste Raiffeisenbank oder den nächsten Bancomaten. Schliesslich ist der Weg nicht weit: Raiffeisen verfügt über das dichteste Bankstellen- und Bancomaten-Netz der Schweiz.

«Schaffhauser Lebensqualität.»

Mit unserem Sponsoring-Engagement leisten wir einen wesentlichen Beitrag zur Schaffhauser Lebensqualität und damit zur Attraktivität der Region.